Es gibt keine bessere, individuellere und vom jeweiligen Ort unabhängigere Unterhaltung als die des Lesens. Doch obwohl das Lesen so ohne Zweifel klug, selbstbewusst und glücklich macht, ist der Leser (vor allem der männliche) in seiner Art bedroht. Und dies, obwohl doch gerade der Mann als Erster in der Hoffnung auf Beute Spuren las. Den Zusammenhang zwischen dem Fährten lesenden Jäger und dem ebenfalls eine Spur verfolgenden Leser macht uns Stefan Bollmann ebenso klar, wie er uns die Bedeutung des Lesens für Wohlbefinden und Glück vor Augen führt.

Ein tiefsinniges und unterhaltsames Buch über die Herkunft des Lesens, die Veränderung unserer Lesebedürfnisse, das Leseverhalten der Frauen und Männer, die Rolle des Lesens bei der Bewältigung von kritischen Lebensphasen, das Vorlesen und nicht zuletzt das Zuhören.

»Warum Lesen glücklich macht« ist ein intelligentes und optimistisches Buch für alle bekennenden Leserinnen und Leser!

Stefan Bollmann, geboren 1958, studierte Germanistik, Theaterwissenschaften, Geschichte und Philosophie und promovierte mit einer Arbeit über Thomas Mann. Er arbeitet als Lektor, Autor und Herausgeber zahlreicher Bücher in München.

insel taschenbuch 4221
Stefan Bollmann
Warum Lesen glücklich macht

Erste Auflage 2013
insel taschenbuch 4221
Insel Verlag Berlin 2013

© 2007, Elisabeth Sandmann Verlag GmbH, München
Alle Rechte vorbehalten, insbesondere das der Übersetzung, des öffentlichen Vortrags sowie der Übertragung durch Rundfunk und Fernsehen, auch einzelner Teile.
Kein Teil des Werkes darf in irgendeiner Form (durch Fotografie, Mikrofilm oder andere Verfahren) ohne schriftliche Genehmigung des Verlages reproduziert oder unter Verwendung elektronischer Systeme verarbeitet, vervielfältigt oder verbreitet werden.

Vertrieb durch den Suhrkamp Taschenbuch Verlag

Umschlag, Innenseiten und Satz:
Pauline Schimmelpenninck Büro für Gestaltung, Berlin
Druck: *CPI – Ebner & Spiegel, Ulm*

Printed in Germany   ISBN 978-3-458-35921-0

Stefan Bollmann

Warum
**LESEN
GLÜCKLICH**
macht

Insel Verlag

INHALT

Aufbruch in den Wald

9

Der gefährliche Augenblick

29

Eine etwas andere Geschichte des Lesens

67

Warum Lesen glücklich macht

105

Literaturhinweise und Bildnachweis

141

KAPITEL 1

Aufbruch in den Wald

Achtzehn Monate seines Lebens verbrachte der Amerikaner Joseph Paccione in der Freiheit des deutschen Waldes. Dann kam die Polizei, stellte das heruntergekommene Haus, in dem er eine Bleibe gefunden hatte, auf den Kopf und nahm den »Waldmenschen«, wie ihn die Einheimischen mittlerweile nannten, fest. Der frühere Gartenbaustudent Paccione war im Jahr 2000 nach Deutschland, der Heimat seiner Mutter, gekommen – geradewegs aus der Bronx, wie er sagt, und eigentlich nur auf der Durchreise. Die Weinberge an der Mosel gefielen ihm, er fand Arbeit, eine Freundin und blieb. Dann verließ ihn das Glück, sowohl in der Liebe als auch am Arbeitsplatz. Er ging in den Wald und begann zu lesen, zügellos und gezielt zugleich, ohne sich um die Grenzen von Gattungen oder von E und U zu scheren: eine Biografie der Teenie-Band »Tokio Hotel«, die frühen Erzählungen Thomas Manns, darunter sicherlich *Tonio Kröger,* eine Bismarck-Biografie, *Die große illustrierte Länderkunde* sowie populärwissenschaftliche Sachbücher über die Bausteine unserer Welt, die Titel trugen wie *Die Urkraft. Auf der Suche nach einer einheitlichen Theorie der Natur*. Neben seiner Lektüre begann er selbst zu schreiben: »Vom Urknall bis zu George Bush« sollte das Mammutprojekt heißen, das gleichermaßen von der Naivität wie dem Übermut seines jungen Verfassers zeugt. Das Manuskript ist verschwunden.

Diese wahre Geschichte, die sich im Frühjahr 2007 zutrug und in den Zeitungen unter »Vermischtes«, »Aus aller Welt« oder »Panorama« zu finden war, ist eine einigermaßen ungewöhnliche Geschichte eines gewöhnlichen Lesers. Wenn ich Paccione einen »gewöhnlichen Leser« nenne, so ist das in keiner Weise abschätzig gemeint, im Gegenteil. Meine tiefe Überzeugung ist, dass noch in jedem studierten Leser, der sich professionell mit Büchern beschäftigt, ein gewöhnlicher Leser steckt – und wenn nicht, dann nützt ihm auch seine ganze Professionalität wenig dabei, als Leser die Bücher, die Welt und sich selbst zu begreifen. Die große englische Schriftstellerin Virginia Woolf hat ihre Versuche, die Literatur ihrer Kolleginnen und Kollegen zu deuten, unter den Ehrentitel *The common reader* gestellt. *Der gewöhnliche Leser* nannte sie ihre Essaysammlungen – lauter funkelnde Kabinettstücke, die uns die Literatur vom Standpunkt einer Leserin erschließen, die keine Kritikerin oder Wissenschaftlerin war und auch keine akademische Ausbildung erhalten hatte; die ihre Bildung als Leserin vielmehr der Bibliothek ihres Vaters verdankte, ohne sich an dessen Vorstellungen zu halten, was und wie denn zu lesen sei. Der gewöhnliche Leser, so ihre Erfahrung und ihre Definition, »liest mehr zum eigenen Vergnügen und kaum, um Wissen zu vermitteln oder die Ansichten anderer zu korrigieren«. Vor allem werde er von einem »Instinkt« geleitet, »aus allem Zufälligen, das ihm in die Hände fällt, eine Art Ganzes für sich zu erschaffen« – wir werden uns im Fortgang dieser kleinen Betrachtung auch damit beschäftigen, was dieses Ganze sein kann, dessen Erschaffung Virginia Woolf wenige Zeilen später mit der Errichtung eines schwankenden und wackligen Baus vergleicht.

Ich weiß nicht, wie belesen Joseph Paccione war, als er sich, mit einigen Büchern bewaffnet, in den Wald begab. Keinesfalls abwegig ist jedoch die Vermutung, dass in seinem Schulunterricht einmal der Name Henry David Thoreau fiel. Es ist nun über 150 Jahre her, dass sich der ehemalige Lehrer und spätere Landvermesser Thoreau in die einsamen Wälder rund um seine Heimatstadt Concord in Massachusetts aufmachte, um dort die schwierige Kunst des Lebens zu erlernen. Thoreau zimmerte sich »im Walde, eine Meile vom nächsten Nachbarn« eine einfache Hütte, auch sie eher ein schwankender und wackliger Bau. Zufällig traf es sich, dass die neue Behausung am amerikanischen Unabhängigkeitstag fertiggestellt war und Thoreau sie für zwei Jahre beziehen konnte. Er verband damit weniger politische als private Gedanken; der Tag des Umzugs in den Wald war sein ganz persönlicher Unabhängigkeitstag.

Virginia Woolf. Fotografie um 1930

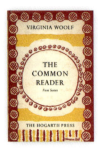

Vom Leben in den Wäldern

Menschen, die im Wald wohnen oder sogar bewusst in den Wald gehen, um dort auf ihre Weise zu leben, sind keineswegs nur eine moderne Erscheinung. Die mittelalterliche Vorstellungswelt kannte den Wilden Mann, den *homme sauvage,* der im Wald unter Tieren aufgewachsen war – ein tierhaftes Geschöpf, unbekleidet und stark behaart, in der Regel ohne Sprache, das sich von Kräutern und rohem Fleisch ernährte. Diese Phantasiegestalt lässt sich bis zum Gilgamesch-Epos zurückverfolgen, dessen sumerische Fassung als das älteste Werk der Geschichte gilt. In der Realität traf indessen der Mensch des Mittelalters eher auf Zeitgenossen, die, statt aus den Wäldern zu stammen, sich dorthin geflüchtet hatten, darunter entflohene Leibeigene, Geistesgestörte, Abenteurer und auch Frauen. Der Wald war die Heimstatt der Umherirrenden ohne festen Wohnsitz, die den Sesshaften in der Regel verdächtig waren. Entdeckten Jäger solche Waldmenschen, versuchten sie sie häufig einzufangen und in die menschliche Gemeinschaft

The common reader – Umschlag der Ausgabe von 1962
nach Vorschlägen von Virginia Woolf

zurückzubringen – zur Gaudi oder auch zur Warnung für die Zivilisierten. In die Wälder flüchteten sich aber auch die Geächteten, etwa um – wie der legendäre Robin Hood – gegen den Missbrauch des Gesetzes durch neue Machthaber zu rebellieren. Und schließlich kennt das Christentum den Heiligen, der wie etwa der Kirchenvater Hieronymus die Einsamkeit der Wildnis oder des Waldes sucht, um seinen Glauben auf die Probe zu stellen oder Buße zu tun.

Thoreau ging es um etwas anderes: Weder fühlte er sich als Geächteter oder Verfolgter, noch wollte er zurück zur Natur, und er kämpfte auch nicht um eine religiöse Wahrheit. Als Mitte des 19. Jahrhunderts viele Amerikaner vom Goldrausch erfasst wurden und sich auf dem Land- oder Seeweg nach Kalifornien aufmachten, um dort ihr Glück zu suchen, begab sich Thoreau in den nahe gelegenen Wald, um herauszufinden, was es bedeutet, auf der Erde zu leben – auch er erfüllt von dem Verlangen nach Glück, aber überzeugt davon, dass es nicht in Wohlstand und Wohlfahrt zu finden sei. Thoreau hielt es für einen fatalen Irrtum, zu glauben, dass das Glück des Menschen mit seinem materiellen Lebensstandard anwachse. Für ihn waren die Glücksritter seiner Zeit, selbst wenn sie, wie ersehnt, über Nacht reich wurden, die Unglücksraben von morgen – eine Einschätzung, die die Glücksforschung heute bestätigt. Ein ansehnlicher Lottogewinn etwa führt nur in Ausnahmefällen zu jenem sorgenfreien, glückserfüllten Leben, das man sich beim Ausfüllen des Scheins erhofft hatte.

Sobald das Einkommen die Armutsschwelle übersteigt, hat Wohlstand mit Glück nur noch wenig zu tun. Vieles weist sogar darauf hin, dass die Chance des Einzelnen, sich frei und unabhängig zu entwickeln, in dem Maße abnimmt, wie er sich über Geld und Status definiert – so sah es bereits Thoreau. In seinem Buch *Walden oder Leben in den Wäldern,* das er im Wald zu schreiben begonnen hatte, legt er sich über sein abenteuerliches Experiment Rechenschaft ab: »Ich zog in den Wald, weil ich den Wunsch hatte, mit Überlegung zu leben, dem eigentlichen, wirklichen Leben näherzutreten, zu sehen, ob ich nicht lernen könnte, was es zu lehren hatte, damit ich nicht, wenn es zum Sterben ginge, einsehen müsste, dass ich nicht gelebt hatte. Ich wollte nicht das leben, was nicht Leben war. Das Leben ist so kostbar. Auch wollte ich keine Entsagung üben, außer es wurde unumgänglich notwendig. Ich wollte tief leben, alles Mark des Lebens aussaugen, so hart und spartanisch leben, dass alles, was nicht Leben war, in die Flucht geschlagen wurde.«

Thoreau wollte beweisen, dass die elementaren Lebensbedürfnisse – Nahrung, Kleidung und Wohnung – mit so geringem Arbeitsaufwand gedeckt werden können, dass uns genügend »Muße zum wirklichen Leben« bleibt. Was tat er in den zwei Jahren, nachdem er seine Hütte errichtet und bezogen hatte? Er pflanzte Gemüse, sammelte Beeren, angelte Fische, verschmähte aber die Jagd. Thoreau war kein echter Selbstversorger – notfalls war der Kochtopf der Mutter eben nur gut eine Meile entfernt, und anders als die zur gleichen Zeit entstehenden Landkommunen ging es ihm in erster Linie nicht um eine Reform der Lebensumstände, sondern um eine Erneuerung des eigenen Selbstverständnisses. Die meiste Zeit verbrachte er damit, den Tönen des Waldes zu lauschen, Tiere zu beobachten, im nahe gelegenen Teich zu schwimmen, sich mit Besuchern zu unterhalten, zu lesen und zu schreiben, mit anderen Worten, dem Müßiggang zu frönen. Statt mit Ackerbau und Viehzucht beschäftigte er sich auf experimentelle Weise mit dem Problem eines Müßiggangs, der nicht auf bloßen Zeitvertreib, sondern auf Wirklichkeits- und Wahrheitssuche angelegt ist. In diesem Zusammenhang spielte das Lesen eine wichtige Rolle. »Mein Aufenthaltsort«, so schrieb er, »war nicht allein zum Denken, sondern auch zu ernster Lektüre und zum Studium viel geeigneter als eine Universität; und war ich auch dem Kreise einer Leihbibliothek entrückt, so stand ich doch mehr als je unter dem Einfluss jener Bücher, welche um die Welt herum zirkulieren, deren Sätze ursprünglich auf Rinde geschrieben waren und die jetzt nur von Zeit zu Zeit auf Leinwandpapier nachgedruckt werden.«

Lesen, um zu leben

Diese Bücher, die zu lesen sich wirklich lohnt, waren für Thoreau die antiken Klassiker, namentlich erwähnt er Homer und Aischylos, und er zog es vor, sie in der Originalsprache zu lesen. Auf die schriftstellerische Produktion seiner Zeit hingegen sah er mit Spott und Verachtung herab. Die meisten Menschen hätten lesen gelernt um einer erbärmlichen Bequemlichkeit willen, klagte er, in dieser Hinsicht ganz Kulturkritiker. »Sie lesen, wie ein armer Unglücklicher bis zur Turmspitze hinaufstieg, der beileibe nicht höher als bis zum Glockenstuhl hätte steigen sollen; und nachdem er ihn überflüssigerweise da hinausgebracht hat, läutet der glückliche Romanschreiber die Glocke, damit alle Welt zusammenläuft und sieht – ach Gott –, wie der Held wieder herunterkommt.«

Schaut man etwas genauer hin, bemerkt man allerdings, dass es Thoreau, wenn er von Klassikern spricht, nicht so sehr um einen Kanon und auch nicht um das ehrwürdige Alter der erzählten Geschichten geht. Als Klassiker bezeichnet er vielmehr jene Bücher, die Antworten auf die elementaren Lebensfragen der Menschen geben. Sie tun dies, indem sie Heldengeschichten erzählen: Geschichten von Menschen, die aus ihren gewohnten Verhältnissen aufbrechen, sei es, dass ihnen die bisherige Umgebung zu eng oder bedrohlich geworden ist, sei es, dass sie Fragen an das Leben haben, auf die sie dort keine Antwort finden. In den neuen, ihnen fremden Verhältnissen haben sie vielfältige Abenteuer zu bestehen und gelangen zu wesentlichen Erkenntnissen, die ihnen dann helfen, die alte Umgebung neu zu ordnen oder zu sich selbst zu finden. Das Spektrum dieser Geschichten reicht vom Gilgamesch-Epos über die *Odyssee,* von mittelalterlichen Epen wie der Artussage über moderne Entwicklungs- und Bildungsromane bis hin zu

André Kertész, »On reading«

heutigen großen Publikumserfolgen wie etwa *Der Schatten des Windes* von Carlos Ruiz Zafón oder *Nachtzug nach Lissabon* von Pascal Mercier. Jeder von uns hat ein solches Buch schon einmal gelesen, und viele werden es – tief berührt von der erzählten Geschichte – aus der Hand gelegt haben.

Von den bequemen Büchern, die Thoreau mit Spott überzogen hat, unterscheiden sich die genannten nicht etwa, weil sie besonders unbequem zu lesen wären, also große Ansprüche an den Kunstverstand und die Leseerfahrung stellen. Unbequem sind in erster Linie die Geschichten, die sie erzählen, unbequem insbesondere für den betroffenen »Helden«, um dessen Glück oder Unglück sich alles dreht. Denn statt die Kirche im Dorf zu lassen und sich lediglich von ihrem Turm aus einen Überblick über den Ort seiner Herkunft zu verschaffen, lässt er sich auf die gewagtesten Situationen, die absonderlichsten Begegnungen und die kühnsten Gedanken ein – ohne Gewissheit, dass er die Gefahren und Aufgaben, mit denen er konfrontiert ist, wirklich besteht und so die erahnte Freiheit zum Leben auch erreicht.

Die »Bücher der Heroen«, wie Thoreau diese Erzählungen nennt, folgen in der Regel einer dreigliedrigen Struktur. Sie setzt sich zusammen aus Aufbruch, Initiation und Rückkehr; die einzelnen Geschichten variieren diese Tiefenstruktur unserer mythenbildenden Phantasie in tausend Formen und Gestalten. Thoreaus und auch Pacciones Aufbruch in den Wald sind eine Ausgeburt dieser Phantasie: Beide begeben sich in die fremde Welt des Waldes mit dem Wunsch, dort zu Erfahrungen und Erkenntnissen zu gelangen, die ihnen eine neue, tiefere Dimension des Lebens eröffnen. Wenn Thoreau von Helden sprach, so meinte er

nicht Menschen, die sich durch kriegerische, sondern solche, die sich durch existenzielle Tapferkeit auszeichneten. Der Begriff *art of life* – Lebenskunst – wurde von einem Zeitgenossen Thoreaus geprägt, der, wie er, einer intuitiven, nonkonformistischen Philosophie anhing, die stark von der europäischen Romantik beeinflusst war. Lebenskunst bedeutete für den Kreis um Ralph Waldo Emerson nicht, sich ausschließlich den angenehmen Seiten des Lebens zu widmen, sondern durch ständige Arbeit an sich selbst das eigene Leben zu einem Kunstwerk zu machen.

Man kann es auch so sagen: Für Leser wie Thoreau (oder auch Paccione) sind Bücher nicht bloße Unterhaltung, sondern Mittel zur Selbsterkenntnis. Dazu ist es nicht einmal nötig, sich in den Büchern und deren Helden wiederzuerkennen; es reicht, dass sie ihren Leser alles andere als gleichgültig lassen und er sich gezwungen sieht, sich gegenüber ihnen zu definieren – und das kann auch negativ, im Gegensatz geschehen. Nur verlangt Thoreau von lesenswerten Büchern, dass sie sich selbst und ihren Leser ernst nehmen – ernst gerade auch in dem Bedürfnis nach Wahrheit, Welterkenntnis und Lebenssinn (also nicht erst auf den Kirchturm und dann wieder herunterschicken – man beachte die mitschwingende Ironie gegenüber religiösen Weltbildern –, ohne dass dies irgendeinen Einfluss auf ihre Lebensführung hätte).

Wenn Mitte des 19. Jahrhunderts der mittlerweile zum Klassiker gewordene Schriftsteller Henry David Thoreau und heute ein Nobody aus der Bronx sich in den Wald aufmachen, um dort lesend zu überprüfen, was für ihr Leben wichtig ist und was nicht, so ist dies beide Male auch ein Gleichnis dafür, was Lesen im besten Sinne sein kann.

Bis heute ist der Wald in unserer Vorstellung die wilde Gegenwelt zu unserer Zivilisation, der Waldsaum markiert die Grenze der Reichweite von Vertrautheit und Sicherheit. Dahinter beginnt eine fremde Welt, deren Betreten uns eine Umstellung unserer Gewohnheiten und neue Orientierungsleistungen abverlangt. Wirkliches Lesen, so könnte man sagen, gleicht einem Aufbruch in die unbekannte Welt des Waldes, um experimentell zu überprüfen, was einem wesentlich ist und was nicht. Es ist der Ausstieg auf Zeit aus der Lebenswelt mit ihren Routinen und Konventionen und die Einkehr in eine fremde Vorstellungswelt, zu dem Zweck, das eigene Leben und vor allem das Bild, das wir davon haben, auf den Prüfstand zu stellen.

> *Lesen macht glücklich, weil es uns sagt, wer wir sind und wer wir sein wollen.*

Dass die Sehnsüchte und Ideologien, die sich auch heute noch mit dem Wald verbinden, der Realität kaum entsprechen, da die Wälder bereits seit Jahrtausenden Bestandteil der menschlichen Kultur sind, braucht uns in diesem Zusammenhang nicht zu interessieren. Denn die Lehre, die das Gleichnis enthält, besteht ja gerade nicht in der Aufforderung, es Thoreau und Paccione gleichzutun und in den Wald aufzubrechen. Das kann man tun, man kann es aber auch lassen, gerade weil man weiß, dass es sich lediglich um ein Gleichnis handelt. Tut man es aber, muss man zumindest in Deutschland wohl damit rechnen, nach geraumer Zeit in Polizeigewahrsam genommen zu werden.

Aus dem Wald wieder herausfinden

Thoreau verließ den Wald nach zwei Jahren aus einem ebenso guten Grunde, wie er ihn aufgesucht hatte. Er hatte nämlich die Erfahrung gemacht, wie leicht sich selbst in einer so außergewöhnlichen Situation Routinen einstellen. Außerdem, bemerkte er lakonisch, habe er den Eindruck gehabt, noch verschiedene andere Leben leben zu sollen und für dieses keine Zeit mehr aufwenden zu können. In den Wald zu gehen ist nicht die Lösung. Es ist maximal ein temporärer Behelf. Der Wald selbst enthält nicht das Wissen, um dessentwillen man ihn aufgesucht hat. Thoreaus wesentliche Erkenntnis, die er in *Walden* mitteilt, bestand vielmehr darin, dass wir in unserer Identität nicht ein für alle Mal festgelegt sind. Es ist ein richtiges Bildungserlebnis, das er nicht müde wurde zu wiederholen. Existenzielle Erfahrungen wie Glück oder Unabhängigkeit lassen sich

---

Henry David Thoreau,
Walden oder Leben in den Wäldern. Erstausgabe von 1854

nicht erwerben und dann in Besitz nehmen, wir müssen unablässig neu darum ringen. Auch aus unerwünschten Abhängigkeiten befreien wir uns nicht ein für alle Mal; denn nur zu rasch schaffen wir uns neue Abhängigkeiten, welche sich keineswegs deswegen leichter auflösen lassen, weil wir sie mehr oder weniger selbst herbeigeführt haben. Die Lehre von *Walden* ist dementsprechend nicht so sehr eine Pädagogik des Findens und Ankommens als eine des Loslassens, der »Entbindung« und Neugeburt. Es geht weniger darum, ein stabiles Bild von sich selbst zu erreichen und dieses zu bewahren, als sich der Vorläufigkeit jedes Versuchs in dieser Richtung bewusst zu werden.

Und so endet das Kapitel über »Lektüre« in *Walden* auch mit der Vision einer »ungewöhnlichen Schule«. Auf beinahe jeden Gegenstand unserer körperlichen Ernährung oder Pflege verwendeten wir mehr Zeit als auf unsere »geistige Nahrung«, meinte Thoreau. »Es wäre an der Zeit, dass wir ungewöhnliche Schulen bekämen, dass wir nicht mit unserer Erziehung aufhören, wenn wir anfangen, Männer und Frauen zu werden«, also in dem Augenblick, wo wir die Schule oder ein Studium absolviert haben. Das ist keine Aufforderung zur Weiterbildung in unserem heutigen engen Sinne, sich von Zeit zu Zeit neue berufsspezifische Fertigkeiten anzueignen. Das geflügelte Wort vom lebenslangen Lernen hat vielmehr den Neben-, vielleicht sogar den Hauptsinn, dass wir ein Leben lang, bis ins hohe Alter hinein, lernen, wie zu leben sei. Um dieses Ziel zu erreichen, wollte Thoreau ganze Dörfer und Städte seiner Heimat zu Lebensbildungsstätten umgestalten. Die Kommunen sollten seiner Meinung nach nicht so viel in öffentliche Gebäude und Verwaltung investieren, sondern mehr in weise Frauen und Männer, zu dem Zweck, dass sie aus aller Welt auf Zeit dorthin kämen und ihre Weisheit mit den dort Lebenden teilten. Thoreau hat den *philosopher in residence* erfunden, ohne ihn so zu nennen. Denn eines war ihm klar: Leben lernen wir nicht, indem wir einfach dahinleben. Leben zu lernen hat immer auch damit zu tun, sich in seinen Wünschen, Gefühlen und Gedanken zu verstehen, statt diese einfach nur geschehen zu lassen. Selbsterkenntnis ist ein ganz wesentlicher, vielleicht der wesentlichste Aspekt einer Bildung, die mehr ist als Ausbildung. Es geht um »die Interpretation meiner Vergangenheit und das Durchleuchten meiner Entwürfe für die Zukunft; kurz: um das Schaffen und Fortschreiben von Selbstbildern«, wie der Philosoph Peter Bieri in einer Rede über Bildung gesagt hat. Neben der Belehrung durch weise Männer steht uns dazu jedoch ein weiterer Weg offen, und der ist nicht der schlechteste: intensiv und konsequent Bücher zu lesen. Die Schule des Lebens kann und muss zugleich auch eine Schule des Lesens sein.

Gängiger Ansicht nach verdient das Lesen, etwa im Unterschied zum Fernsehen, zu Computerspielen und anderen Formen der Mediennutzung, das Prädikat »besonders wertvoll«, weil es unsere Sensibilität kultiviert, unser Vorstellungsvermögen steigert, Wissen vermittelt und uns Toleranz lehrt – alles außerordentlich hehre, aber genauso vage und zweifelhafte Zielvorstellungen. Ist es aber überhaupt das, was wir suchen, wenn wir erfüllt von Vorfreude und Neugierde ein Buch aufschlagen, das uns eine Freundin empfohlen hat oder auf das wir in einer Buchhandlung gestoßen sind und dessen ersten Sätzen wir nicht widerstehen konnten? Suchen wir nicht vielmehr »Wahrheit«? Nicht eine abgehobene, metaphysische Wahrheit über das Leben an sich oder die Welt im Ganzen, sondern unsere ganz eigene, individuelle Wahrheit, die unser Leben mit Bedeutung erfüllt und sinnvolles Leben möglich macht? So wie eben Thoreau, der in den Wald aufbrach, um das wirkliche Leben zu finden, und mit den Aufzeichnungen für ein Buch zurückkam, das diese Suchbewegung protokolliert und bei seinen Lesern, die von Tolstoi über Yeats bis Mahatma Ghandi reichen, bis heute den Wunsch erweckt, sich selbst auf die Suche zu machen – nicht unbedingt als »Waldmensch«, sondern als Leser. Das eine wenigstens habe er bei seinem Experiment gelernt, so Thoreau am Schluss seines Buches: »Wenn jemand vertrauensvoll in der Richtung seiner Träume vorwärtsschreitet und danach strebt, das Leben, das er sich einbildete, zu leben, so wird er Erfolge haben, von denen er sich in gewöhnlichen Stunden nichts träumen ließ.« Der amerikanische Literaturwissenschaftler Mark Edmundson hat in einem Buch, das den schlichten Titel *Why read?* (Warum lesen?) trägt, die Literatur die wichtigste kulturelle Ressource von Lebensmöglichkeiten für diejenigen genannt, die den Eindruck nicht loswerden, ihr Leben bleibe hinter ihren Hoffnungen zurück. Literatur sei, so der Professor, der beste Antrieb für Neuanfänge, die beste Chance dafür, was man eine säkulare Neugeburt nennen könnte.

KAPITEL 2

Der gefährliche Augenblick

Wenn du lesen lernst«, soll die englische Schriftstellerin Rumer Godden zu ihrer Tochter gesagt haben, »wirst du noch einmal geboren, und es ist ein Jammer, dass man schon so früh wiedergeboren wird. Sobald du lesen lernst, wirst du nie mehr etwas nur als das sehen, was es ist. Alles wird sich ständig ändern durch das, was du liest. Du wirst nie mehr ganz allein sein.« Die Beschreibungen des Moments, in dem Heranwachsende sich bewusst werden, »ganze Bücher« selber lesen zu können, ähneln einander, ungeachtet aller kulturellen, historischen und individuellen Verschiedenheiten der konkreten Situation. Nicht immer wird dieser Entwicklungssprung ausschließlich als Gewinn erlebt; gerade im Rückblick drängt sich mitunter der Verdacht auf, dass es sich auch um einen Verlust gehandelt haben könnte. Bei allem Positiven schwingt selbst in den Worten von Rumer Godden die Erfahrung der verlorenen Unschuld mit. Der Zivilisationskritiker Jean-Jacques Rousseau hatte in seinem Buch *Emil oder Über die Erziehung* die Forderung aufgestellt, alle Pflichten von den Kindern fernzuhalten; dazu zählte er auch die Bücher, die er »die Werkzeuge ihres größten Unglücks« nannte.

Allerdings war Rousseau nicht grundsätzlich der Meinung, dass Bücher nicht in Kinderhände gehören. Die Frage von Glück oder Unglück des Lesens betrachtete er als ein Problem der Reife beziehungsweise Unreife; der Erzieher sollte hierin den natürlichen Bedürfnissen der

Heranwachsenden nicht vorgreifen. Pessimisten hingegen werden behaupten, dass die Bücher und das in ihnen enthaltene Wissen den Menschen prinzipiell unglücklich machen; denn sie vertreiben ihn aus dem Paradies der Unschuld und Unwissenheit. Richtig daran ist zumindest, dass Lesen lernen ein Akt der Initiation ist, und wer ihn durchgemacht hat, für den ist die Welt unwiederbringlich eine andere geworden.

Die Schriftsprache ist menschheitsgeschichtlich betrachtet eine relativ junge Errungenschaft – kaum älter als 5000 Jahre. Zu durchaus nicht wenigen der heute noch gesprochenen Sprachen gibt es keine Schrift. Evolutionsbiologen gehen davon aus, dass Lesen und Schreiben für unsere Vorfahren weder überlebensnotwendig noch unabdingbar waren. Das spiegelt sich in unserer individuellen Entwicklung: Während Kinder das Sprechen gleichsam wie von selbst erlernen, findet der Erwerb der Lese- und Schreibfertigkeit um einiges später statt und ist mit wesentlich mehr Mühen und Möglichkeiten des Scheiterns verbunden. Genauso unterschiedlich wie der Erfolg, der dieser Prozedur beschieden ist, sind die Techniken der Aneignung von Schriftsprache. Pädagogen und Psychologen, die sich mit dem Erwerb der Lesefertigkeit beschäftigen, beschreiben die Wichtigkeit des Übergangs vom entziffernden zum flüssigen Lesen. Während sich beim Leser im Verlauf dieses Übergangs die Illusion einstellt, sein Blick gleite gleichförmig über die Zeilen, verkürzt sich, wie die Neuropsychologie zeigen konnte, in Wirklichkeit die Dauer der einzelnen Fixationen beim Lesen, und die Blicksprünge werden größer. Lesen wir Buchstabe für Buchstabe, Silbe für Silbe, so ist die Zahl der Fixationen pro Zeile ungleich größer, als wenn wir mit einem Blick ganze Wörter, Wortfolgen oder Wendungen erfassen. Die Genauigkeit der Erfassung der Information nimmt dabei natürlich ab; andererseits erlaubt uns der dadurch ermöglichte Zeitgewinn nicht nur, das Lesetempo zu beschleunigen, sondern mit unserem Vorstellungs- und Denkvermögen auch über die im Lesen aufgenommene Information hinauszugehen, sie anzureichern mit Gefühl, Phantasie und Reflexion. Mit dem Lesenkönnen entwickelt sich eine Art sechster Sinn, der der Unmittelbarkeit der anderen Sinne die Spitze abbricht. Die Welt ist von nun an nicht mehr bloß alles, was die Augen sehen, die Ohren hören, die Zunge schmecken, die Nase riechen und die Finger ertasten können. Sie ist »mehr« geworden, und dieses »Mehr« verlangt nach Deutung.

Lesen lernen mit Simplicissimus

Dazu ein Beispiel aus der Literatur. Der 1668 erschienene erste deutsche Roman von Weltrang, *Der abenteuerliche Simplicissimus Teutsch* von Hans Jakob Christoffel von Grimmelshausen, schildert im ersten Buch die Odyssee seines Helden durch die Landschaften des Dreißigjährigen Krieges. Der auf einem ärmlichen Bauernhof im Spessart aufwachsende Simplicissimus hat in seiner Kindheit nichts gelernt, außer mehr schlecht als recht Schweine, Ziegen und Schafe zu hüten. »Ich war so perfekt und vollkommen in der Unwissenheit, dass mir unmöglich war zu wissen, dass ich gar nichts wusste«, beschreibt er im Nachhinein sein »Eselsleben«, in dem man sich mit »Schulpossen« nicht abgab. Als Zehnjähriger muss er er-

leben, wie Soldaten ihn beim Schafehüten überfallen, die Herde wegtreiben und daraufhin Haus und Hof seiner Eltern erobern, plündern und brandschatzen; sein Vater, den er in hessischer Mundart nur als »Knan« bezeichnet, die Knechte und die Bauern werden auf grausame Weise zu Tode gefoltert, seine Mutter und seine Schwester von den Soldaten vergewaltigt. Er selbst kann in den ihm bislang unbekannten Wald entkommen, wo er von der Dunkelheit überrascht wird und völlig erschöpft einschläft. Beim Aufwachen bietet sich ihm durch das Dickicht des

---

Max Arenz, »Der letzte Mohikaner«, 1909

Waldes hindurch ein schreckliches Bild: Das väterliche Haus steht »in voller Flamme«, ohne dass jemand »zu löschen begehrt«. Er reißt sich von dem Anblick los, irrt durch den Wald, bis ihn schließlich ein alter Eremit entdeckt, der ihn beherbergt, ihm zu essen und zu trinken gibt und ihn mit der Zeit, wie es heißt, von einer »Bestia« zu einem »Christenmenschen« erzieht. Und das geht so: Als der Knabe einmal den Einsiedler in ein Buch – natürlich die Bibel – schauen sieht, versteht er zuerst nicht, was dieser da treibt; scheint er doch in ein ernsthaftes Gespräch vertieft zu sein, ohne dass jemand anderer anwesend wäre, mit dem er sich unterhalten könnte. Wie wir noch sehen werden, war es lange Zeit üblich, laut und nicht leise zu lesen. Das stille Lesen ist zwar eine Erfindung des Mittelalters, aber es hat auch in unseren Breiten sehr lange gedauert, bis es sich allgemein durchgesetzt hatte. Zu Grimmelshausens Zeiten war das laute Lesen durchaus noch verbreitet, zumal wenn niemand zugegen war, der sich dadurch gestört fühlen konnte. Überhaupt lesen zu können bildete damals die Ausnahme; schätzungsweise gerade einmal zehn Prozent der Bevölkerung hatten es gelernt, und noch viel weniger waren in der Lage zu schreiben.

Doch von alldem weiß der zehnjährige Analphabet nichts, dem ein Rätsel bleiben muss, was der Alte da macht. Klar ist ihm lediglich, dass es mit dem Gegenstand zu tun hat, in den er hineinblickt. Als der Alte das Buch beiseitelegt, sieht der Knabe die Gelegenheit gekommen, selbst einen Blick hineinzuwerfen. Dabei wecken farbige Holzschnitte seine ganze Aufmerksamkeit. Da er meint, der Eremit habe mit diesen Bildern geredet, versucht er nun gleichfalls mit ihnen ins Gespräch zu kommen. Als er ohne Antwort bleibt, wird er ungeduldig und sagt: »Ihr kleinen Hudler [= Lumpe], habt ihr denn keine Mäuler mehr? Habt ihr nicht allererst mit meinem Vater (denn also musste ich den Einsiedel nennen) lange genug schwätzen können? Ich sehe wohl, dass ihr auch dem armen Knan seine Schaf heimtreibt, und das Haus angezündet habt, halt, halt, ich will dies Feuer noch löschen.« Und damit steht er auf, um Wasser zu holen. »Wohin Simplici?«, fragt ihn der Eremit, der in der Zwischenzeit unbemerkt hinter ihn getreten ist. »Ei Vater«, sagt der Knabe, »da sind auch Krieger, die haben Schaf, und wollens wegtreiben, sie habens dem armen Mann genommen, mit dem du erst geredet hast, so brennet sein Haus auch schon lichterloh, und wenn ich nicht bald lösche, so wird's verbrennen«, und mit diesen Worten zeigt er mit dem Finger auf die Bilder. Der Eremit will ihn beruhigen: »Bleib nur, es ist keine Gefahr vorhanden.« Der Knabe jedoch antwortet, so höflich er es gerade noch vermag: »Bist du denn blind, wehre du, dass sie die Schaf nicht forttreiben, so will ich Wasser holen.«

Was passiert da? Der Knabe sieht die Holzschnitte, und sofort geht mit ihm die Erinnerung an das traumatische Ereignis des Überfalls auf den elterlichen Hof durch. Er will nachholen, was er seinerzeit nicht vermochte: das Feuer zu löschen und die Eltern zu retten. Es ist deshalb nicht ganz korrekt, dass die »Tafel seiner Seele« bis zu der Begegnung mit dem Einsiedler leer geblieben ist, wie es im Roman einige Seiten zuvor geheißen hatte. Unauslöschlich hat sich der Seele des Jungen nämlich das Bild des Überfalls und des brennenden Elternhauses eingedrückt; es genügt ein kleiner visueller Hinweis, und er wird von der

Erinnerung daran förmlich überschwemmt. Doch der Einsiedler weiß ein Kraut, das dagegen gewachsen ist. »Diese Bilder leben nicht«, verkündet er, »sie sind nur gemacht, uns vorlängst geschehene Dinge vor Augen zu führen«, und bezieht sich mit dieser Erklärung natürlich auf die Illustrationen in der Bibel und die dort geschilderten Ereignisse und nicht auf die Erinnerungsbilder in der Seele des Jungen. Der hingegen wendet aus seiner Sicht völlig verständlich ein: »Du hast ja erst mit ihnen geredet, warum sollten sie dann nicht leben.« Für ihn sind die Bilder nicht einfach tote, künstliche Gegenstände, sondern lebendige, reale Personen.

Daraufhin erhält er von dem lesekundigen Eremiten Aufklärung: »Liebes Kind, diese Bilder können nicht reden, was aber ihr Tun und Wesen sei, kann ich aus diesen schwarzen Linien sehen, welches man lesen nennt, so hältst du dafür, ich rede mit den Bildern, so aber nichts ist.« Damit ist vielerlei gesagt. Die Überzeugung des Jungen, die Bilder seien lebendig, da man mit ihnen reden könne, ist also nur ein Effekt des Umstands, dass der Eremit ein Leser ist: Er hat sich mit den Schriftzeichen in dem Buch beschäftigt, die der Knabe bislang noch gar nicht beachtet hat. Das Wesentliche in dem Buch sind nicht die anschaulichen Bilder, wie der Knabe gemutmaßt hat, sondern die viel abstrakteren Zeichen, die »schwarzen Linien«. Wer diese zu entziffern versteht, den springen die Bilder nicht mehr in der Direktheit an, wie er es erleben musste. Sie rufen dann auch nicht länger verstörende Erinnerungen an bestialische Ereignisse wach, sondern erweisen sich als illustrierende Beigabe zu jener Botschaft, die in dem Buch geschrieben steht. Die schwarzen Linien nehmen den ge-

malten Bildern und vor allem den durch sie wachgerufenen Erinnerungsbildern ihre Absolutheit und unterlegen sie mit einem anderen Text – jedenfalls für den, der zu lesen versteht. Und genau dies wird der kleine Simplicissimus nun rasch vom Eremiten lernen – erst zu buchstabieren, dann flüssig zu lesen und schließlich zu schreiben, und dies besser, als sein Lehrer selbst es vermag.

Eine andere Welt

Lesen kann uns Distanz gegenüber dem Absolutismus unserer sinnlichen Eindrücke und den damit verbundenen, bisweilen traumatischen Erinnerungen verschaffen – dies zeigt, alle religiösen Zusammenhänge beiseitegelassen, die geschilderte Szene aus dem *Simplicissimus*. Während die Bilder den Menschen faszinieren und in Beschlag nehmen, ermöglicht ihm das Lesen und dann das Schreiben einen freieren, kontrollierteren Umgang mit den Dingen der Welt. Ist die Distanz erst einmal hergestellt, tendieren wir jedoch schnell dazu, die Welt der Bücher und der in ihnen erzählten Geschichten für eine eigene, ja für die eigentliche Welt zu halten, die der Realität überlegen ist.

Die Zeugnisse, die diesen anderen Absolutismus als die prägende erste Leseerfahrung festhalten, sind Legion. »Wenn ein Kind lesen gelernt hat und gerne liest, entdeckt und erobert es eine zweite Welt«, meinte etwa Erich Kästner, der von *Emil und die Detektive* bis hin zu *Der kleine Mann* viele mir unvergesslich bleibende Romane für Kinder geschrieben hat. Und er fuhr fort: »Das Land des Lesens ist ein geheimnisvoller, unendlicher Erdteil. Aus Druckerschwärze entstehen Dinge, Menschen, Geister und Götter, die man sonst nicht sehen könnte. Wer noch nicht lesen kann, sieht nur, was greifbar vor seiner Nase liegt oder steht ... Wer lesen kann, hat ein zweites Paar Augen.« Mit beiden Augenpaaren zu sehen und so gewissermaßen eine doppelte Optik zu praktizieren, die Distanz zur einen wie zur anderen Welt erlaubt, gelingt den Kindern nicht. Sein ganzes Dasein, schrieb der englische Dichter Coleridge über seine Kindheit, habe seinerzeit darin bestanden, »die Augen vor jedem Gegenstand der realen Welt zu verschließen, mich in einem sonnigen Winkel zu verkriechen und dort zu lesen, zu lesen und zu lesen, mich auf Robinson Crusoes Insel zu versetzen, sie mir dann als einen Berg von Rosinenkuchen vorzustellen, in den ich ein Zimmer für mich hineinfraß und dann die Formen von Tischen und Stühlen«. Die sehr konkrete Phantasie des Kindes neigt dazu, die eigene Lebenswelt mit dem Gelesenen buchstäblich auszustaffieren: Das breite Trottoir vor dem Haus, auf dem sich in der Regel nur brave Bürger blicken lassen, wird dann zur engen, zugigen Gasse, in der finstere Gestalten ihren zwielichtigen Geschäften nachgehen, und das seit Jahren brachliegende, wellige Feld hinter dem Haus beherbergt geheimnisvolle Eingänge in die unterirdische Stadt der goldenen Schatten. Alberto Manguel, der uns eine *Geschichte des Lesens* geschenkt hat, schildert sehr intensiv, wie die Bücher, die er als Junge las, Erfahrung bereits vorwegnahmen und dementsprechend präformierten. »Wenn ich irgendwann später einem Vorfall, einer Szene oder einem Charakter begegnete, die mich an etwas erinnerten, was ich gelesen hatte, stellte sich gewöhnlich das befremdliche und ein wenig enttäuschende Gefühl eines déjà vu ein, weil ich meinte, das gegenwärtige Geschehen sei mir – als etwas Gelesenes – schon einmal widerfahren und bereits benannt worden.« Eine extreme Ausprägung dieser Haltung, die Welt nicht ausgehend von den Dingen, die wir mit unseren Sinnen wahrnehmen, kennenzulernen und zu beurteilen, sondern so, wie die Bücher sie uns darbieten, hat der französische Schriftsteller und Philosoph Jean-Paul Sartre in *Die Wörter* beschrieben: »Ich habe mein Leben begonnen, wie ich es zweifellos beenden werde: inmitten von Büchern ... Man ließ mich in der Bibliothek vagabundieren, und ich stürmte los auf die menschliche Weisheit. So bin ich geworden ... Platoniker meines Zeichens, ging ich den Weg vom Wissen bis zur Sache; ich fand an der Idee mehr Wirklichkeitsgehalt als an der Sache selbst, denn die Idee ergab sich mir zuerst, und sie ergab sich mir wie eine Sache. Ich habe die Welt in den Büchern kennengelernt ...« Hier, so Sartre im Rückblick, sei jener Idealismus entsprungen, den er erst dreißig Jahre später hinter sich gelassen habe.

Von der Mantik des Lesens

Wir kommen also nicht umhin, dem englischen Schriftsteller Graham Greene beizupflichten, der den Moment, in dem wir uns bewusst werden, lesen zu können, einen »gefährlichen Augenblick« genannt hat. Gefährlich ist dieser Augenblick aber nicht nur, weil er uns vielleicht dazu verleitet, ein einseitiges Bild von der Welt, nach dem wir zur Ohnmacht verdammt sind, gegen ein anderes, ebenso einseitiges einzutauschen, das uns suggeriert, unsere Gedanken hätten unbegrenzte Macht über unser Leben. Gefährlich ist dieser Augenblick laut Graham Greene vor allem deshalb, weil wir mit den Büchern, die wir aus den Regalen holen, um sie zu lesen, auch unsere Zukunft heranholen. Greene ging davon aus, dass die Bücher, die wir als Kind lesen, einen besonderen, nachhaltigen Einfluss auf uns ausüben, der weit über diese Lebensphase hinausreicht. In der Kindheit, so schrieb er, seien alle Bücher Wahrsagungsbücher: »Sie erzählen uns von der Zukunft, und ebenso wie der Wahrsager, der eine weite Reise oder Tod durch Wasser aus den Karten herausliest, beeinflussen sie die Zukunft.« Das ist nicht so zu verstehen, als stünde die Zukunft bereits schicksalhaft fest und die gelesenen Bücher würden uns sagen, was uns erwartet. Im Gegenteil: Die Bücher, die wir in der Kindheit lesen, bestimmen diese Zukunft mit, weil sie unsere Wünsche und Vorstellungen sowie vor allem das Bild mitprägen, das wir von uns selbst haben. Ein jedes Buch, das er in einer Mischung aus Lust und Angst las, sei ein Kristall gewesen, »und das Kind träumte, es sähe darin das Leben seinen Gang nehmen«, schrieb Graham Greene im Rückblick auf die »verlorene Kindheit«. Manche Szenen seiner Lieblingsbücher hätten sich so stark seinem Gedächtnis eingeprägt – etwa das nächtliche Kartenspiel eines zum Tode Verurteilten, während seine Feinde nebenan sein Grab schaufelten –, dass die Erinnerung daran erst zur Ruhe gekommen sei, als er einem seiner eigenen Romane die Schilderung eines entfernt ähnlichen Kartenspiels einverleibt habe.

Ich möchte diesen Aspekt des Lesens, der mir zwar in der Kindheit am reinsten ausgeprägt zu sein scheint, die Faszinationskraft des Lesens aber auch späterhin entscheidend mitbestimmt, seine mantische Dimension nennen. Mit Mantik bezeichnete man in der Antike die Kunst des Sehers, der entweder aus sich heraus oder über die kundige Interpretation natürlicher Zeichen ein »Wissen« davon hat, was war, ist und sein wird. Berühmte traditionelle mantische Techniken waren etwa die Deutung der Eingeweidestruktur von Opfertieren, vorgenommen vom Haruspex, einem eigens dafür bestimmten Priester, die Vogelschau, die sogenannten Auspizien, bei denen Auguren aus dem Flug oder dem Geschrei von Vögeln weissagten, die Hydromantie (die Weissagung aus der Form von Wasser), die Nekromantie (die Weissagung durch Kontakt mit Toten) oder auch die Aeromantik (die Weissagung aus der Form von Wolken). Zur Mantik gehören in gewisser Weise auch die Astrologie, die Weissagung aus dem Stand der Gestirne bei der Geburt, oder die in letzter Zeit auch in Europa berühmt gewordenen indischen Palmblattbibliotheken, in denen die Lebensläufe von allen Menschen verzeichnet sein sollen. Das *Concise Lexikon of the Occult* zählt nicht weniger als 93 unterschiedliche Methoden der Mantik auf. Mit Ausnahme der Palmblattbibliotheken handelt es sich um Formen, Nichtgeschriebenes lesbar zu machen; natürliche Spuren nach bestimmten Kriterien und im Hinblick auf bestimmte Muster zu deuten und daraus einen Sinn zu entnehmen.

Nicht alle traditionellen Formen der Mantik gingen davon aus, wahre Aussagen über die Zukunft zu machen. Die nach römischem Brauch vor wichtigen staatlichen Entscheidungen einzuholenden Auspizien und Haruspizien etwa dienten lediglich der Einschätzung, ob die Götter bestimmten Entschlüssen günstig oder ungünstig gestimmt waren. Die durch Priester getroffene Einschätzung konnte im Nachhinein sogar korrigiert werden und bedurfte ebenfalls der Ratifizierung durch den Senat. Diese Form

Ein kleiner Junge liest in der Pessach-Haggada, um 1938

der Mantik hatte kaum noch objektivistischen Charakter; ihre Funktion im komplexen Prozess der Entscheidungsfindung war es nicht, diese herbeizuführen und zu begründen, sondern sie weiter abzusichern. Darin steckte ein durchaus rationales Motiv: Da allen Entscheidungen ein Moment der Willkür innewohnt und immer Unwägbarkeiten bleiben, gibt es sanktionierte, wir würden ergänzen, zufallsgesteuerte Verfahren der Bestätigung, die dazu beitragen, dass aus gefällten Entscheidungen auch sichere, von vielen geteilte Überzeugungen werden können.

Die unter dem Begriff Mantik zusammengefassten Interpretationstechniken repräsentieren eine Form des Wissens, an die sich keine im heutigen Sinne wissenschaftlichen oder rationalen Maßstäbe anlegen lassen. Zur Lebensbewältigung sind wir aber noch immer auf solche vorrationalen, »weichen« Formen des Wissens angewiesen, insbesondere dort, wo es um Unwägbarkeiten geht und eine rasche Orientierung notwendig ist. Was aber wäre unwägbarer als jene bangen Fragen, die im Zentrum jedes Bemühens um Selbsterkenntnis stehen: Wer bin ich? Wie bin ich zu dem geworden, der ich bin? Was wird wohl aus mir?

Die Zukunft steht auf den Bücherregalen

Graham Greene ging davon aus, dass Literatur auf solche Fragen sehr konkrete Antworten gibt. So glaubte er auch das Buch identifizieren zu können, das aus ihm mit vierzehn Jahren einen Schriftsteller gemacht habe: *The Viper of Milan* von Marjorie Bowen, einem der vielen Pseudonyme von Gabrielle Margaret Vere Campbell, die Romane genauso wie phantastische Erzählungen, Jugendbücher, Krimis, Biografien und Dramen schrieb und ihre insgesamt 150 Bücher noch unter vielen anderen Namen veröffentlichte. Mit der Lektüre dieses historischen Romans, der im Italien des 14. Jahrhunderts spielt und den dramatischen Konflikt zweier Gegenspieler effektvoll ausleuchtet, sei die Zukunft, so Greene, »auf Gedeih und Verderb wirklich zum Zuge gekommen«: »Von diesem Augenblick begann ich zu schreiben.« Was hatte Greene so beeindruckt, dass er es noch Jahrzehnte später als nachhaltige, ja unauslöschliche Prägung seines Lebens empfand?

Greene macht den Einfluss, den der Roman auf ihn hatte, an Themen und Motiven fest, denen er dort begegnete und die dann auch für sein eigenes Schreiben zentral

Der gefährliche Augenblick

wurden: etwa dass die menschliche Natur nicht gut und böse, schwarz und weiß ist, sondern bestenfalls schwarz und grau; oder dass über jedem Gelingen ein Verhängnis liegt und das Pendel auf dem Höhepunkt des Erfolgs nach der anderen Seite auszuschlagen beginnt. »Das alles las ich in *The Viper of Milan,* sah mich um und stellte fest, dass es zutraf.« Zentral ist in diesem Zusammenhang die Wendung »sah mich um«. Greene las nicht nur, sondern benutzte das Buch als Vergrößerungsglas und Scharfzeichner, um die Welt, in der er aufwuchs und es zu etwas bringen sollte, klarer und genauer zu sehen. Wenn er sich umsah, so Greene, war seine Umgebung voll mit Figuren, die wie aus Marjorie Bowens Roman gestiegen zu sein schienen. Gian Galeazzo Visconti etwa, den Herzog von Mailand, »mit seinem Talent für das Böse«, entdeckte er in einem Nachbarn im schwarzen Sonntagsanzug: »Sein Name war Carter. Er terrorisierte seine Umgebung von weitem ...« Die im Roman erzählte Geschichte aus der Vergangenheit zeigte ihm die Welt, die ihm bislang unverständlich erschienen war, im jähen Licht der Erkenntnis und deutete sogar seine Zukunft in ihr. »Vierzehn Jahre lang hatte man ohne Landkarte in einem Dschungelland gelebt, doch jetzt waren die Wege geebnet, und natürlich musste man auf ihnen weitergehen.«

Das meine ich mit Mantik: Unter den wissbegierigen und lebenshungrigen Augen des vierzehnjährigen Graham Greene wird *The Viper of Milan* zu einer Methode der Weissagung, um etwas über die Welt und das eigene Leben in der Welt herauszufinden. Die Pointe von Greenes Überlegungen zur Bedeutung von Büchern bei der Bewältigung des Lebenswegs ist allerdings die, dass sie eine derart entscheidende Rolle spielen können, genau weil die Zukunft offen und der Lebensweg nicht vorherbestimmt ist. Ihre Form der Wahrsagung ist keine Aussage darüber, wie die Zukunft werden wird, sondern besteht in der Erkenntnis des Lesers, dass das von ihm gewählte Buch die Wahrheit sagt. Buch und Leser teilen sich gewissermaßen die Funktion des Sehers: Das Buch interpretiert die Welt, und der Leser erkennt sich darin wieder; er hat eine Ahnung, und das Buch entfaltet diese zu einer Anschauung von der Welt. Den Augenblick, in dem ein Heranwachsender herausfindet, dass er lesen kann, ist deshalb gefährlich, weil er mit dem Augenblick zusammenfällt, in dem ihm bewusst wird, dass die Zukunft nun in seiner Hand liegt; sie wird das gewesen sein, was sich aus seinen Entscheidungen ergeben haben wird. Solange er nicht lesen konnte, meinte Greene, sei er in Sicherheit gewesen – »die Räder bewegten sich noch nicht, aber nun stand die Zukunft überall auf Bücherregalen umher und wartete darauf, dass das Kind wähle – vielleicht das Leben eines geprüften Buchhalters, eines Kolonialbeamten, eines Pflanzers in China, eine solide Tätigkeit in einer Bank, Glück und Elend, unter Umständen eine besondere Todesart, denn gewiss wählen wir unseren Tod etwa so, wie wir unseren Beruf wählen«. Der gefährliche Augenblick wiederholt sich also immer dann, wenn wir zu einem Buch greifen und seine Lektüre uns Antwort auf unsere zentrale Frage gibt, wie wir leben sollen. Indem wir dem Buch diese Antwort entnehmen, bannen wir auch die entstandene Gefahr. Oder anders gesagt: Das Buch, das uns die Krise vor Augen führt, dient im besten Fall ebenfalls ihrem Management. So erging es Graham Greene mit *The Viper of Milan.* In dem Maße, wie er in dem Buch seine geheimsten Befürchtungen und argwöhnischsten Vermutungen über die Welt bestätigt fand, wuchs in ihm auch der Entschluss, selbst solche Bücher zu schreiben. Und der von dem Buch ausgehende Zauber ließ ihn die Überzeugung gewinnen, »dass Schreiben Leben und Freude bedeutet«. (Was sich laut Greene später als Irrtum erweisen sollte.) Die Lektüre wurde für ihn zu einem Akt der Neugeburt.

Nimm und lies

Berichte über schicksalhafte Begegnungen mit einem Buch, die das Leben des Lesers nachhaltig veränderten, kennen wir viele in unserer Kultur. In einer bis heute stark christlich geprägten Welt spielte dabei insbesondere die Bibel eine Rolle, die lange Zeit als das Buch schlechthin galt. Eine der eindrucksvollsten Schilderungen einer solchen lebensverändernden Lektüre verdanken wir Augustinus (354–430 n. Chr.), der mit seinen *Confessiones,* den *Bekenntnissen,* so etwas wie die erste moderne Autobiografie vorgelegt hat, und das lange vor dem Aufbruch in die neuzeitliche Welt, auf der Scheitelhöhe zwischen heidnischer Antike und christlicher Neuzeit. In diesem Buch hat es ein Mensch zum ersten Mal unternommen, die geheimnisvolle Tiefe der eigenen Seelenregungen zu erforschen und darzustellen. Augustinus schildert bereits seelische Vorgänge, die Entwicklungspsychologie und Verhaltensforschung erst Jahrhunderte später systematisch erforscht haben. Er beschreibt die ersten Regungen des Säuglings genauso wie das Hineinwachsen des Kleinkindes in die menschliche Gemeinschaft, er bringt uns das Aufbegehren und Geltungsbedürfnis des Heranwachsenden ebenso nahe wie die sexuellen Nöte der Pubertät. In einer Schlüsselszene des gesamten Werks – der berühmten Bekehrungsszene des achten Buches – schildert er auch die mantischen Wirkungen des Lesens.

Die Szene spielt in Augustinus' Mailänder Wohnung. Augustinus ist 32 Jahre alt; aufgrund einer tiefgreifenden körperlichen, seelischen und intellektuellen Krise musste er vor kurzem von seiner Rhetorikprofessur zurücktreten. Inzwischen weiß er wohl, was das Richtige für ihn wäre – nämlich mit der Welt zu brechen und ganz für den Glauben und die Schriftstellerei zu leben –, aber er zweifelt weiterhin an seiner Fähigkeit, das als richtig Erkannte umzusetzen. Die Zwänge der Gewohnheit binden seinen Geist und seine Seele, auch wider seinen Willen. Er vergleicht seine Situation mit der eines Aufwachenden, dem der schwere und süße Taumel der Schläfrigkeit noch in den Gliedern steckt und der es deshalb immer weiter hinauszögert, den Schlaf gänzlich von sich abzuschütteln und sich aus dem Bett zu erheben, obwohl es an der Zeit wäre aufzustehen.

Unerwartet kommt ein Landsmann des in Afrika geborenen Augustinus zu Besuch und entdeckt auf dem Spieltisch die Briefe des Apostels Paulus. Verwundert, ein solches Buch hier vorzufinden, erzählt er Augustinus und seinem Freund Apylius von Menschen, denen es gelungen ist, auf die durch materielle Güter vermittelten, jedoch für ein wahres Leben ungenügenden Annehmlichkeiten zu verzichten. Dieser Bericht bereitet die entscheidende Wende vor. Alle Argumente, die gegen den Entschluss sprechen, das bisherige Leben aufzugeben, sind damit widerlegt, und es bleibt nur »die stumme Angst, sich loszumachen von dem Flusse der Gewohnheit«. In dieser Situa-

»Nimm und lies«: Der hl. Augustus liest in den Briefen des
Apostels Paulus. Fresko von Benozzo Gozzoli, 15. Jh.

tion stürmt Augustinus hinaus in den Garten und wirft sich unter einem Feigenbaum zu Boden. Er weiß nicht mehr, was er tun soll, und lässt sich fallen ins Weinen. Unter einem Schleier von Tränen hört er auf einmal die Stimme eines Kindes im Singsang wiederholen: »Tolle, lege; tolle, lege« – nimm es und lies es, nimm und lies. Da ihm ein Lied mit einem solchen Refrain nicht bekannt ist, weiß er keine andere Deutung, als dass diese Botschaft für ihn bestimmt sein muss. Er hört auf zu weinen, läuft zurück ins Haus, schlägt den dort liegenden Band mit den Paulus-Briefen auf und liest still für sich den Abschnitt, auf den sein Auge zuerst fällt. Dabei handelt es sich um die Stelle im Brief an die Römer mit der Ermahnung, den Tag nicht mit Fressen und Saufen, nicht mit Schlafen und Huren, Zank und Neid zu verbringen, sondern den Herrn Jesus Christus anzuziehen, so wie man sich ein neues Kleid überstreift und dadurch auch eine veränderte Lebensweise annimmt. »Weiter wollte ich nicht lesen«, schrieb Augustinus, »und weiter war es auch nicht nötig. Denn kaum war dieser Satz zu Ende, strömte mir Gewissheit wie ein Licht ins kummervolle Herz, so dass alle Nacht des Zweifelns verschwand.«

Bewusst habe ich den religiösen Kontext dieses Bekehrungserlebnisses weitgehend ausgeblendet. Denn die durchs Lesen bewirkte Neugeburt, die Augustinus hier effektvoll schildert, lässt sich ohne weiteres von der Folie christlicher Welt- und Sinnenfeindlichkeit ablösen. Lesen, so die auch heute noch aktuelle Botschaft der *Bekenntnisse,* kann ein Mittel zur Selbstveränderung und Selbsterneuerung sein. Es kann uns dort Gewissheit und Zuversicht schenken, wo nagende Selbstzweifel und die »bitterste Zerknirschung des Herzens« uns ansonsten zu fortgesetzter Unschlüssigkeit und Ängstlichkeit verurteilen würden. Das mantische Verfahren, zu dem Augustinus griff, ist als Bibliomantie oder auch Stichomantie bekannt: Ein heiliges oder jedenfalls bedeutsames Buch wird an einer beliebigen Stelle aufgeschlagen – eventuell wird auch mit einem spitzen Gegenstand irgendwo auf die Buchseite gestochen –, und aus der betreffenden Textstelle ergibt sich dann die Klärung der bislang unbeantwortbaren Frage. Noch im 19. Jahrhundert war die Bibliomantie in allen Schichten verbreitet; man bezeichnete sie auch als »däumeln«, weil die Seiten mit dem Daumen rasch durchgeblättert wurden und man dann eine Seite aufschlug.

Lesen macht glücklich, weil es unser Leben mit Sinn und Bedeutung erfüllt.

Die mantische Dimension des Lesens muss sich jedoch keineswegs auf Welt- oder Glaubensweisheiten beschränken. »Ich probiere Geschichten an wie Kleider«, lautet ein zentraler Satz aus Max Frischs Roman *Mein Name sei Gantenbein*. Es fällt nicht schwer, darin eine sehr weltliche und durchaus sinnenfreudige Variante der paulinischen Ermahnung zu erkennen, den Herrn Jesus Christus anzuziehen. Max Frischs Held hat eine Erfahrung gemacht, die er nicht begreift. Nun sucht er eine Geschichte dazu, die ihm zur Erkenntnis seiner selbst verhilft. Das Lesen von Geschichten gleicht einer intellektuellen Kleiderprobe: Stoßen wir auf eine Geschichte, die zu unseren Erfahrungen passt, so kommt es uns vor, als fügten sich Ich und Welt, die vorher auseinandergefallen zu sein schienen, wieder zu einem runden Bild zusammen. Um mit Augustinus zu sprechen: Die Finsternis der Orientierungslosigkeit weicht dem Licht der Zuversicht, das nun unser Herz durchströmt. Darüber hinaus hat Augustinus aber auch die plastische Kraft des stillen Lesens entdeckt. Es kann kein Zufall sein, dass er die Sätze, die sein Leben verändern, mit den Augen verschlingt, ohne sie in Anwesenheit seines Freundes Apylius vernehmlich zu artikulieren. An einer anderen Stelle der *Bekenntnisse* gibt Augustinus nämlich explizit seiner Verwunderung darüber Ausdruck, dass Ambrosius, der Bischof von Mailand und einer seiner Freunde, niemals laut, sondern stets still las. Es handelt sich dabei um das erste gesicherte Beispiel für stilles Lesen in der westlichen Literatur, wie Alberto Manguel bemerkt hat. Anders als Ambrosius pflegte Augustinus im Normalfall laut zu lesen. Das geschah nicht nur aus Freude an der Lautgestalt der Texte und dem Klang der eigenen Stimme – es war auch von der Antike teilweise bis weit in die Neuzeit hinein die übliche Praxis: Man las laut und nicht leise, nicht getrennt von der sozialen Gemeinschaft, sondern mitten in ihr und kontrolliert durch sie. Die Welt der Lesenden war erfüllt von einem permanenten Murmeln, Brabbeln und Deklamieren. Geschriebene Texte, die in der Regel weder Wortzwischenräume noch Punkt und Komma aufwiesen, dienten gewöhnlich nur als Vorlage für diejenigen, die imstande waren, sie laut zu verlesen. Auch Augustinus brachte seine Bücher nicht eigenhändig zu Papier, sondern diktierte sie einem Schreiber. So wie wir uns heute über denjenigen wundern, der beim Lesen

Der gefährliche Augenblick

seine Stimme erhebt oder vernehmlich murmelt, ist es jedenfalls lange Zeit dem ergangen, der nicht mit lauter oder wenigstens leiser Stimme las.

Und doch las Augustinus an einem Augusttag im Jahr 386 die biblische Sentenz vom Anziehen des neuen Menschen auf einmal still und leise. Wie er an Ambrosius beobachtet hatte, schwieg dessen Stimme beim Lesen, um währenddessen nicht abgelenkt zu werden – etwa mit anderen Zuhörenden in Erörterungen über das Gelesene treten zu müssen. Die wenigen ihm verbleibenden Momente des Lesens wollte der Bischof von Mailand ohne Störung von außen verbringen. Stilles Lesen, so erfahren wir hier, ist ein Akt der freundlichen Isolation, um sich besser auf das Gelesene und sich selbst zu konzentrieren. Augustinus schreibt, dass Ambrosius die Bedeutung des Gelesenen mit dem Herzen aufnahm. Der stille Leser, der heute die Norm ist, kehrt nicht nur der Welt den Rücken zu, er öffnet auf diese Weise auch sein Herz für den Sinn dessen, was in dem Buch geschrieben steht. Er macht es sich still zu eigen und bewegt es in seinem Herzen, ohne die Einwürfe anderer erdulden und sich erklären zu müssen. Zwischen das Buch und ihn treten keine äußeren Verbots-, Kontroll- oder sonstigen Diskursinstanzen. Augustinus' stille Lektüre in seiner Mailänder Wohnung bildet den Auftakt zu einer langen Geschichte des einsamen Bücherlesens, das, wie Ralph Waldo Emerson Jahrhunderte später und in einer neuen Welt formulierte, »mit glühenden Wangen und klopfendem Herzen« erfolgt. Es ist nicht nur zum Modell dafür geworden, was es heißen kann, etwas mit sich selbst anzufangen zu wissen, ohne von außen angeleitet zu werden. Es steht auch exemplarisch für die Chance, sich von vorhandenen Bindungen zu lösen und seinem Leben eine neue Richtung zu geben.

Stimmungen lesen

Wir haben uns angewöhnt, an Literatur entweder, wenn sie realistisch ist, die Handlung zu schätzen – *reading for the plot,* nannte das der Literaturkritiker Peter Brooks – oder, etwa bei den großen, handlungsarmen Romanen des 20. Jahrhunderts wie Marcel Prousts *Auf der Suche nach der verlorenen Zeit,* James Joyce' *Ulysses* oder Robert Musils *Mann ohne Eigenschaften,* ihre »Modernität« und »Subjektivität«. Vernachlässigt haben wir darüber die emotionale Komponente des Lesevorgangs, die insbesondere den anfangs erwähnten »gewöhnlichen Leser« interessiert: das Eintauchen in fremde, gleichwohl höchst anschauliche, dicht beschriebene Welten – in das Proust'sche Paris, das Joyce'sche Dublin und das Musil'sche Wien –, und damit sind nicht nur das jeweilige Milieu und eine besondere Mentalität gemeint, sondern auch die ganz konkrete Atmosphäre der Zeit, ihre Farben, Formen, Klänge und Gerüche. Stimmung ist der richtige Begriff, wenn man beschreiben will, was Literatur in dieser Hinsicht leistet und warum sich ein Leser immer aufs Neue von ihr faszinieren lässt, etwa nach Prousts großem Romanwerk in regelmäßigen Abständen ein ganzes Leben lang greift. Bestimmte Bücher verbinden sich für ihren Leser beinahe unauflöslich mit der von ihnen transportierten Stimmung: *Perlmanns Schweigen,* der Romanerstling von Pascal Mercier, etwa mit einer beinahe unerträglichen Beklemmung, *Stille Tage in Clichy* von Henry Miller mit einer unbeeindruckbaren, ausgelassenen

Fröhlichkeit und überschäumenden Lebenslust oder *Das Herz ist ein einsamer Jäger* von Carson McCullers mit tiefer Verzweiflung, die einzig ein Taubstummer zu ermessen vermag. Insbesondere der deutsch-amerikanische Romanist Hans Ulrich Gumbrecht hat in letzter Zeit auf Stimmungen als den Resonanzboden literarischer Erfahrung hingewiesen und das Lesen von Stimmungen auch für die Literaturwissenschaft zu rehabilitieren versucht.

Ich habe von der mantischen Dimension des Lesens gesprochen und glaube, dass sie viel mit dem Phänomen der Stimmung zu tun hat. Ein wichtiger Hinweis darauf lässt sich dem Umstand entnehmen, dass vormals viele mantische Techniken die Stimmung der Götter prüften: Waren sie dem menschlichen Vorhaben günstig gesinnt oder nicht? Neben einer zeichendeutenden Mantik kannte die Antike auch eine natürliche, enthusiastische Mantik, die insbesondere den Bereich der aufgewühlten Stimmungen des Menschen zu interpretieren versuchte. Auch hier ging es um Unverfügbares. Denn das ist das Eigentümliche an Stimmungen: Obwohl sie so subjektiv sind, dass sie sich beinahe der Mitteilung entziehen, haben sie einen gleichsam objektiven Charakter. Man bekommt sie nicht in den Griff, wie und wann man möchte. Der Philosoph Martin Heidegger hat sie deshalb dazu benutzt, das zu thematisieren, was er die »Geworfenheit« unseres Daseins nannte. Nirgendwo ist man so bei sich selbst wie im Bereich der Stimmungen, und dennoch verweisen sie uns auf Gegebenheiten unseres Lebens, die sich unserer Kontrolle entziehen, ja für die wir kaum Begriffe haben. Entgegnet man dem Wunsch eines anderen mit dem Hinweis darauf, man sei nicht in Stimmung, so will man zugleich sagen, dass

die Ablehnung nicht aus Unwillen oder Willkür erfolge. Jeder kennt etwa aus dem Alltag einer Paarbeziehung, dass Stimmungen urplötzlich kippen können, dass das gerade noch liebevolle, zärtliche Miteinander durch kaum wahrnehmbare Veränderungen jäh in ein spannungsgeladenes, bedrohliches Gegeneinander umschlägt. Stimmungen verweisen immer auch auf eine Wirklichkeit außerhalb von einem selbst. Alle stärkeren Stimmungen, meinte Friedrich Nietzsche, »wühlen gleichsam das Gedächtnis auf. Es erinnert sich bei ihnen Etwas in uns und wird sich ähnlicher Zustände und deren Herkünfte bewusst«.

Das Lesen von Literatur schließt uns, so meine ich, das Reich der Stimmungen auf, das wir immer schon bewohnen, in dem wir uns aber kaum auskennen. Für uns Menschen fühlt es sich auf bestimmte Weise an, am Leben zu

sein. Es gibt eine Kontinuität von Erlebniszuständen, die uns über die Zeit hinweg mit uns selbst verbindet. Diese Kontinuität ist stärker mit Stimmungen als mit Sachverhalten verbunden. Wir sehen das etwa daran, dass bestimmte Relikte der Vergangenheit, beispielsweise Fotos oder wiedergefundene, einst beiseitegelegte Dinge in uns vergessen geglaubte Gefühlszustände heraufbeschwören. So als würde einer toten Leitung plötzlich wieder Strom zugeführt. Wer hat nicht schon erlebt, dass ihn bei der Rückkehr an einen Ort seiner Kindheit genau jene Stimmung wieder anflog, die für seine Kindheitstage charakteristisch war. Der Leser von Literatur hat die große Chance, sich von einem Analphabeten der Stimmungen und Gefühle in einen Experten des Stimmungstiers Mensch zu verwandeln, dem nichts Menschliches mehr fremd ist. Eine empirische Studie konnte etwa belegen, dass Lesefreude und Lesehäufigkeit mit der Steigerung emotionaler Intelligenz korrelieren. Dass Frauen bei solchen Tests regelmäßig besser abschneiden als Männer, hat nicht nur damit zu tun, dass sie, wie das Klischee es will, stärker stimmungsabhängig sind – als regelmäßige Leserinnen von Literatur, insbesondere von Romanen, erwerben sie sich in diesem Bereich auch ein viel besseres Differenzierungs- und Urteilsvermögen.

Literatur erschließt Stimmungen, macht Stimmungen lesbar. Sie führt Strom auf unser emotionales Gedächtnis, lässt uns mit scheinbar abgelebten und nichtsdestotrotz einflussreichen Dimensionen unseres Ich in Kontakt treten, kurz, sie verbindet uns mit uns selbst. Gerade dadurch wird sie auch zu einem Medium der Selbsterneuerung. Lesend finden wir nicht nur Antworten auf unsere Lebensfragen, sondern schöpfen auch die Kraft für Neuanfänge, wenn wir einmal den Weg verloren haben.

KAPITEL 3

Eine etwas andere Geschichte des Lesens

Der PC und die mit ihm verbundenen Möglichkeiten des elektronischen Publizierens, vor allem aber die globale Computervernetzung auf der Plattform des World Wide Web und die Entwicklung des E-Book haben vielen Liebhabern der Schrift- und Lesekultur einen gehörigen Schrecken eingejagt. So wurden auf der einen Seite Gutenberg-Elegien angestimmt, wie etwa der amerikanische Kulturkritiker Sven Birkerts seine alarmistischen Nachrufe auf das Lesen im elektronischen Zeitalter nannte: PC und Internet, MP3-Player, CD-Rom und DVD führten zu einer Erosion der Sprache und einer Entwertung des kritischen Denkens. Nicht wenige fühlten sich von solcher Klage allerdings an jene Warnungen erinnert, die sie als Kinder von ihren Eltern vernommen hatten: Die Musik der Beatles und Rolling Stones, noch schlimmer von The Who und Led Zeppelin, sei kulturfeindliches Teufelswerk und bedeute das Ende aller Musik.

Auf der anderen Seite fanden sich auch eine ganze Reihe von Apologeten der Entwicklung, die das Ende des Bücherlesens, gar der Schrift kaum mehr erwarten konnten. Landauf, landab wurde dank der Computertechnologie ein weitreichender Umbruch unserer Schriftkultur konstatiert. Mal sollte er seiner Bedeutung nach lediglich der technischen Revolution Gutenbergs ähneln, der Mitte des 15. Jahrhunderts das erste Buch mit beweglichen Lettern gedruckt hatte, mal jedoch wurde er gar der neolithischen

Revolution gleichgestellt, die im Laufe mehrerer Jahrtausende aus der Mehrzahl der Sammler und Jäger Sesshafte gemacht hatte, was immerhin die Voraussetzung für das Entstehen unserer Schriftkultur gewesen ist. Wie man aber den Einschnitt, der durch den Computer bewirkt wurde, auch bewertete und welchen welthistorischen Rang man ihm beimaß – sowohl die Kulturapokalyptiker als auch die »Adventisten von Microsoft«, wie Hans Magnus Enzensberger die Jünger der Computerbewegung einmal spöttisch nannte, waren gleichermaßen davon überzeugt, dass das Lesen so wenig wie das Schreiben noch eine Zukunft hätte.

Ich will nicht behaupten, dass es anders gekommen ist. Große Transformationen benötigen Zeit – man wird sehen. Viele Indizien sprechen jedoch dafür, dass Computer und Internet, wie schon die ihnen vorausgegangenen technischen Bedrohungen der Buch- und Lesekultur, diese eher befördern als verdrängen werden. Zu Beginn des 21. Jahrhunderts beläuft sich die Zahl der Buchneuerscheinungen, der sogenannten Novitäten, pro Jahr auf gut eine Million; alle 30 Sekunden wird auf dieser Welt ein neues Buch auf den Markt geworfen. Legt man die Zahlen zugrunde, die

Anzahl der weltweit veröffentlichten Buchtitel seit dem Jahr 1550 (einhundert Jahre nach Gutenbergs Erfindung des Buchdrucks) bis zum Jahr 2000

Jahr	Veröffentlichte Buchtitel weltweit (ca.)
1550	35 000
1650	150 000
1750	700 000
1850	3 300 000
1950	16 000 000
2000	52 000 000

Lucien Febvre, Henry-Jean Martin, Robert Escarpit und Gabriel Zaid zusammengetragen haben, so lässt sich ein bis heute ungebrochener exponentieller Anstieg der veröffentlichten Bücher seit der Erfindung des Buchdrucks konstatieren. In dem halben Jahrhundert zwischen 1950 und dem Jahr 2000 wurden – trotz der gigantischen Ausbreitung der Massenmedien in demselben Zeitraum – tausendmal mehr Bücher veröffentlicht als im ersten Jahrhundert nach der Erfindung des Buchdrucks.

In dem bemerkenswerten Essay *So viele Bücher* des mexikanischen Schriftstellers Gabriel Zaid wird die Anzahl der Neuerscheinungen pro Jahr in Relation zur Weltbevölkerung gesetzt. Diese Übersicht belegt eindrucksvoll, dass die so genannte Bevölkerungsexplosion von der der Bücher noch übertroffen wurde. Und das technischen Neuerungen zum Trotz, deren Aufkommen jedes Mal von Kassandra-Rufen begleitet wurden, die das baldige Ende der Buchkultur voraussagten.

Vom Nutzen und Nachteil des Computers

Auch ich verfasse meine Texte nicht mehr auf Papier und mit Bleistift, sondern schreibe sie auf einem Notebook. Das ist sehr praktisch, weil meine Texte häufig von innen heraus wachsen und ich auf diese Weise beliebig viele Einfügungen und Umstellungen vornehmen kann, ohne dass das Geschriebene sogar für mich selbst unlesbar wird. Ich erinnere mich noch an die umständliche, ja schauerliche Entstehungsgeschichte meiner Dissertation. Eine erste Fassung schrieb ich mit der Hand, korrigierte und ergänzte dann beim Abschreiben des eigenen Textes mit der Maschine; unter Einsatz von Kuli, Tippex, Schere und Klebstoff korrigierte, ergänzte und stellte ich ein weiteres Mal um, als ich die maschinenschriftliche Fassung mit der Hand redigierte. Der professionellen Schreibkraft, die sich unvorsichtigerweise bereiterklärt hatte, meine Arbeit zu tippen, händigte ich schließlich eine Vorlage aus, die eher einer dadaistischen Collage als einem lesbaren Manuskript glich. Was zur Folge hatte, dass sie an der Entzifferung meines Opus beinahe verzweifelte und in einem zweiten Durchgang viele Lesefehler korrigiert werden mussten – ganz abgesehen davon, dass ich selbst inzwischen weitere Korrekturen, Streichungen und Ergänzungen vorgenommen hatte. Auf diese Weise kamen Anmerkungsziffern wie 13c zustande. Heute erledigt das die Fußnotenverwaltung meiner Textverarbeitungssoftware beinahe vollautomatisch. Ein einigermaßen lesbares Buch ist aus meiner Dissertation erst geworden, als ich sie mir einige Jahre später zwecks Publikation erneut vorknöpfte und beim Eingeben in den mittlerweile angeschafften Computer völlig überarbeitete.

Kurz und gut, ich habe mir angewöhnt, alle meine Texte, am liebsten sogar die Briefe, am PC zu schreiben. Jedoch nicht, damit sie dort auch gelesen werden. Der Computer ist für mich ein Werkzeug, das meiner Art zu schreiben entspricht, sie sicher auch mitprägt. Meine Lektüren auf dem Computerbildschirm hingegen beschränken sich in der Regel auf E-Mails und kurze Eintragungen auf Websites, die ich während meiner Arbeit recherchiere. Wenn ich einen Roman oder ein Sachbuch lese, dann vorzugsweise auf einer Parkbank, in einen Sessel gefläzt oder auf bzw. im Bett liegend. In ihrem hübschen Buch *How Reading*

Changed My Life hat die amerikanische Schriftstellerin und Kolumnistin Anna Quindlen ironisch gemeint, niemand wünsche, am Ende eines langen Tages einen Computer mit ins Bett zu nehmen, um vor dem Einschlafen noch ein oder zwei Kapitel zu lesen. Das könnte allerdings pure Gewohnheit sein, die sich mit der zunehmenden Miniaturisierung unserer elektronischen Geräte verändern wird. Auf einem sogenannten Tablet-Computer wie dem iPad oder einem speziell für die Lektüre von E-Books geschaffenen Lesegerät wie dem Kindle lesen sich Romane schon viel komfortabler – sogar im Bett. Auch haben die Entwickler dieser Lesegeräte mit der Bedienung per Fingertipp die Gewohnheit des Umblätterns aufs E-Book übertragen. Das zuvor nötige Scrollen am Bildschirm entfällt nun. Es erinnerte auch zu stark an das umständliche Hantieren mit einer Schriftrolle, des aus Papyrus angefertigten Vorgängers des Kodex, unserer heutigen Buchform.

Lesen macht glücklich, weil es uns wieder zu Jägern und Sammlern werden lässt.

Der Kodex, wie er sich seit dem Übergang von der Antike zum Mittelalter durchsetzte, bestand ursprünglich aus Pergament, also Tierhaut, und war letztlich nur wenig mehr als ein Bündel zusammengehefteter Blätter, das von zwei festen Deckeln geschützt wird. Diese Form der Lesevorlage bietet gegenüber der Schriftrolle jedoch den ungeheuren Vorteil, durch Vor- und Zurückblättern unmit-

telbar zu jeder beliebigen Textstelle gelangen zu können. Anders als die Rolle ist der Kodex ein dreidimensionaler Speicher. Über die Breite und Länge (beim Buch Höhe) hinaus, besitzt der Kodex noch eine Dicke bzw. Tiefe: Je dünner ein einzelnes Blatt ist, desto mehr kann man an der Breite bzw. Höhe des Buches sparen. Sucht man in einer Rolle nach einem bestimmten Begriff oder Namen, so muss man deren gesamte Länge ausschöpfen, während man bei einem Kodex in der Tiefendimension suchen kann. Diese dritte Dimension des Buches bezieht sich auf dessen Umfang: Damit ist zum einen die Stärke bzw. Dicke eines Buches gemeint, das heute wie damals aus Buchblock und Einband besteht, vor allem aber dessen Seitenzahl. Versehe ich die Seiten eines Buches mit einer fortlaufenden Zahl, der sogenannten Pagina, kann ich am Ende ein Verzeichnis der im Text vorkommenden Begriffe und Namen, ein Register oder einen Index anlegen und so den Suchvorgang erleichtern. Bevor im 13. Jahrhundert die Paginierung aufkam, dienten Lesezeichen und Lesebändchen sowie zuweilen am Blattrand angenähte Pergamentstreifen zum besseren Auffinden von Textstellen. Die Durchsetzung des Kodex gegenüber der Schriftrolle im christlichen Abendland hatte neben der Umstellung des Beschreibmaterials von Papyrus auf Pergament – und nach 1300 dann auf das billigere Massenprodukt Papier – auch damit zu tun, dass der Zugang zur Heiligen Schrift, dem lange Zeit am stärksten verbreiteten Buch, nicht in der kontinuierlichen Lektüre, sondern im Nachschlagen bestand. Anders verhält es sich hingegen etwa bei der jüdischen Tora, die in bestimmten Zyklen fortlaufend durchgelesen wird: Hier hat sich bis heute die Schriftrolle erhalten.

Ein Vorteil des elektronischen Buches ist gewiss, dass der Computer der bessere Apportierhund ist. In der Fähigkeit, gesuchte Stellen zu erschnüffeln und herbeizuschaffen, kann sich keiner seiner Vorgänger mit ihm messen. Dies ist gerade beim wissenschaftlichen Arbeiten oder der Benutzung von reinen Nachschlagewerken von Vorteil. Hier hat die elektronische Textverarbeitung eine wesentliche Funktion des Buches weiter optimiert und in ihrer Nutzung vereinfacht. Publiziere ich die wissenschaftliche Edition eines alten Textes im Internet oder als E-Book, lassen sich alle Textstellen, zu denen eine Fußnote, ein Apparat- oder Registereintrag vorhanden ist, als sogenannte Hyperlinks hervorheben. Es bedarf dann lediglich eines Mausklicks, um den »Beitext« etwa in einem eigenen Fenster sichtbar zu machen, wie es in einem gedruckten Buch schon aus Platzgründen nicht möglich ist.

Diesem Vorteil elektronischer Publikationen stehen aber auch handfeste Nachteile gegenüber. So bin ich im Unterschied zum gedruckten Buch auf technische Apparaturen angewiesen, die zwischen mich und den Inhalt treten: einen PC oder ein Lesegerät mit einem Betriebssystem, auf das die Software abgestimmt ist, die mir den Text samt der gewünschten Funktionen zur Verfügung stellt. Nicht zu vergessen die Energiequelle: entweder ein Stromanschluss oder ein Akku, sofern ein netzunabhängiger Betrieb gewünscht wird. Akkumulatoren, sprich Sammler für elektrische Energie, haben die unangenehme Eigenschaft, dass ihre Ladekapazität mit der Anzahl der durchgeführten Lade-/Entlade-Zyklen sinkt. Doch nicht nur die Lebensdauer von Akkus ist begrenzt. Die wenigsten machen sich klar, dass im Unterschied zum Buch elektronische Publikationen eine extrem kurze Haltbarkeitsdauer haben, zumindest solange sie auf Datenträgern gespeichert sind. Magnetische Datenträger sind gerade einmal zwei, gewöhnliche CD-ROMs etwa fünf Jahre lang sicher lesbar, ohne dass man sie auf einen neuen Datenträger umkopiert. Außerdem hängt ihre Nutzbarkeit von den jeweils auf dem Markt schon nach relativ kurzer Zeit wieder veralteten Systemen ab. Versuchen Sie heute einmal ein Lesegerät für die 5¼-Zoll Floppy Disk aufzutreiben, die Anfang der 1990er Jahre noch Standard war! Drittens erfordert die Software zur Nutzung elektronischer Publikationen bestimmte Betriebssysteme bzw. Versionen von Betriebssystemen. Auch hier geht die Tendenz dahin, dass die Zeitspanne der Kompatibilität ab- und die Geschwindigkeit, mit der etwas veraltet und damit unbrauchbar wird, zunimmt. Und schließlich gilt für alle technischen

Geräte – und insbesondere für ein derart komplexes wie den Computer –, dass sie störanfällig sind. Stürzt Ihr PC oder Lesegerät ab oder havariert anderweitig, so lässt sich der Schaden meist nicht direkt und nur mit beträchtlichem technischen und finanziellen Aufwand beseitigen. In der Regel ist er auch noch mit Datenverlust verbunden.

Berühmt waren einst die Geschichten, in denen das Manuskript der Dissertation oder des großen Romans, von dem natürlich kein Duplikat existierte, versehentlich in der Eisenbahn oder U-Bahn liegenblieb oder ein Opfer der Flammen wurde. Genauso berühmt sind heute die Geschichten von Festplattencrashs in letzter Minute, die große Werke im Nu auslöschen – und auch hier fehlt natürlich regelmäßig die Sicherheitskopie. Eine Art Umkehrung derartiger Schicksalsschläge widerfuhr der amerikanischen Schriftstellerin Carson McCullers in den 1930er Jahren. In der Provinz geboren und aufgewachsen, machte sie sich als junge Frau nach New York auf. Dort kam ihr prompt ihr ganzes Geld abhanden, das ihre Ausbildung zur Pianistin finanzieren sollte und das sie leichtsinnigerweise in einer Einkaufstüte aufbewahrt hatte. Auf diese Weise mittellos geworden, blieb ihr gewissermaßen nichts anderes übrig, als den insgeheim gehegten Wunsch, Romane zu schreiben, in die Tat umzusetzen. Bereits ihrem Erstling, *Das Herz ist ein einsamer Jäger,* sollte ein sensationeller Erfolg beschieden sein. Dieser Anekdote lässt sich entnehmen, dass Autoren eine genügsame Spezies sind: Zur Ausübung ihrer Profession (bzw. Passion) benötigen sie lediglich geringfügige und außerordentlich billige Produktionsmittel. Soll es statt Papier und Bleistift ein Computer sein, so tut es zur Not auch das ausrangierte Modell eines Bekannten. Noch genügsamer sind nur die Leser der Produkte von Autoren: Alles, was sie benötigen, ist ein Buch, und dieses lässt sich sogar völlig kostenlos in einer öffentlichen Bibliothek ausleihen (abgesehen davon sind Bücher im Vergleich zu anderen Produkten beinahe unverschämt billig, insbesondere wenn man die Zeit, die ein etwa vierhundertseitiger Roman seinen Leser unterhält, mit der Spieldauer eines Theaterstücks oder Kinofilms, der Dauer eines Museumsbesuchs oder gar einer Achterbahnfahrt vergleicht).

Anders als ein Computer ist das gedruckte Buch kein Multifunktionsapparat, mit dem sich außer Lesen und Schreiben noch vielfältige andere Prozeduren durchführen lassen, darunter etwa die Speicherung und Verwaltung von Musik- und Bilddateien oder die Steuerung von Waschmaschinen, Automobilen oder Nuklearwaffen. Ein Buch kann man eigentlich nur zum Lesen gebrauchen. Dazu eignet es sich aber bislang unübertroffen gut. Für viele wird Lektüre, und insbesondere die Lektüre von Literatur, auch weiterhin mit Papier, Pappe, Leinen und Druckerschwärze verbunden sein. Ein Buch muss sich ihrer Meinung nach nicht nur gut lesen lassen, sondern sich auch gut anfühlen und interessant riechen. Andere hinwiederum werden die Erfahrung machen, dass die elektronischen Lesegeräte ihren Appetit auf Bücher zumal auf Reisen unvergleichlich besser befriedigen als heimische Bücherwände, die immer auch etwas von Status-Tapete haben. Durch das verstellbare Schriftbild und das geringe Gewicht sind E-Books zumal für alte Augen und alte Hände von unschlagbarem Vorteil; gerade in unserer alternden Gesellschaft könnte es nur eine Frage der Zeit sein, bis sie sich durchsetzen.

Werkzeug oder Medium

In den voranstehenden Überlegungen habe ich zwischen dem Computer als Werkzeug zum Schreiben und als Publikationsmedium differenziert – eine Unterscheidung, die häufig vernachlässigt wird. Indem in der Vergangenheit so getan wurde, als seien diese beiden Nutzungsweisen des Computers identisch, kamen überhaupt erst jene pauschalen Urteile über den Segen oder Fluch der neuen technologischen Entwicklung zustande. Einsichtigere oder auch nur flexiblere Zeitgenossen, die die Vorteile der einen wie der anderen Welt nicht missen wollen, haben deshalb auch nicht über die Ersetzung des älteren Mediums durch das neue, vorgeblich überlegene nachgedacht, sondern darüber, wie sich beide Welten – der Computer als Werkzeug zusammen mit dem World Wide Web als Kommunikationsplattform auf der einen und das Buch als Lesemedium auf der anderen Seite – auf produktive Weise miteinander verbinden lassen. Ergebnis solcher Überlegungen waren etwa so großartige Innovationen wie der Internet-Buchhandel Amazon oder Antiquariatsplattformen wie das deutsche ZVAB oder das amerikanische

Choosebooks, die den Handel mit alten, nicht mehr lieferbaren Büchern beflügelt und völlig verändert haben. War ich vormals auf der Suche nach einem bestimmten nicht mehr lieferbaren Buch, vielleicht sogar in einer seltenen Ausgabe, auf das wohl unterhaltsame, aber auch zeitraubende Durchstreifen von Antiquariaten angewiesen, so gibt mir eine Suchmaschine nun sekundenschnell darüber Auskunft, welcher Händler das gewünschte Buch vorrätig hält – und die Erledigung des Bestellvorgangs benötigt kaum mehr Zeit.

Im Prinzip funktioniert heute auch die Benutzung einer großen Bibliothek nur wenig anders. Fanden in meiner Studienzeit vor nun 25 Jahren die Titelsuche noch per Zettelkatalog und die Buchbestellung mittels Ausfüllen eines Bestellscheins statt, kann ich heute vom heimischen PC aus online Titel im Bestand der Bibliothek selbst oder eines ihr angeschlossenen Bibliotheksverbundes suchen und bestellen bzw. vormerken lassen. Im günstigen Fall liegen die gewünschten Bücher dann nach wenigen Tagen abholbereit in der Ausleihe oder im Lesesaal. Nicht selten sind sie von Gebrauchsspuren gezeichnet, die Benutzer vor mir hinterlassen haben: Anstreichungen und Unterstreichungen, zuweilen Randglossen, Kaffeeflecke, Eselsohren und Einrisse im Papier, lose oder gar herausgerissene Seiten. Auch an den Gepflogenheiten im Lesesaal hat sich bislang verhältnismäßig wenig geändert – sieht man einmal davon ab, dass Bücher heute per Notebook exzerpiert werden und die Räume dementsprechend nicht mehr nur vom Hüsteln und Tuscheln, sondern auch vom Klappern der Computertastaturen erfüllt sind (schon lange nicht mehr hingegen vom Gemurmel der Leser).

Entscheidend verändern wird sich diese Situation in dem Maße, wie die Bibliotheken ihre Bestände digitalisieren lassen und den Inhalt der Bücher ihren Benutzern weltweit elektronisch zur Verfügung stellen. Über kurz oder lang wird dies dazu führen, dass ich mir einen seltenen Text, der sich im Bestand der Universitätsbibliothek von Harvard befindet, mit einem Mausklick auf den Bildschirm meines PCs oder Lesegeräts »zaubern« kann. Ausgeliehene Bücher und Vormerker wird es nicht mehr geben, da jeder Text von allen Interessenten gleichzeitig benutzt werden kann und das einmal gescannte Buch für das Kerngeschäft einer Bibliothek nicht mehr von Belang sein wird: Dieses besteht dann nicht länger im Lagern, Verwalten und Ausleihen von Büchern, sondern in der Speicherung, Verwaltung und Bereitstellung von Inhalten. Auf meinem Computer werde ich den bereitgestellten Text blitzschnell nach den für mich relevanten Stellen durchsuchen und auswerten können. Möchte ich eine Passage zitieren, kann ich sie markieren, kopieren und dann in die entsprechende Datei einfügen, statt sie mühselig abzutippen. Die Folge davon wird sein, dass eher noch mehr Bücher als bislang veröffentlicht werden; denn der Recherchevorgang, der dem Schreiben etwa eines Sachbuchs vorangeht, wird dadurch wesentlich erleichtert und dürfte dementsprechend weniger Zeit beanspruchen.

Die Bibliotheksbenutzung ist dabei nur ein Beispiel unter vielen für die Umstellung des wissenschaftlichen Arbeitens auf eine digitale Basis. Ein Wissenschaftler hat zu Büchern ein viel stärker instrumentelles Verhältnis als etwa ein Romanleser; seine Lektüre ist nicht kontemplativ anverwandelnd, sondern auf die Auswertung brauchbarer

Herzogin Anna Amalia Bibliothek.
Rokokosaal, vor dem Brand von 2004

Informationen ausgerichtet. Die Darreichungsform des Inhalts ist ihm dabei tendenziell gleichgültig; er wird sich im Zweifelsfall für diejenige entscheiden, bei der die entstehenden Reibungsverluste möglichst gering sind. Die Ökonomie hat für diesen Zusammenhang den Begriff der Transaktionskosten entwickelt. Transaktionskosten sind Kosten, die nicht bei der Gütererstellung, sondern bei der Übertragung von Gütern von einem Subjekt zum anderen entstehen, also insbesondere Informationsbeschaffungs- und Anbahnungskosten. Der nach Erfolg strebende Wissenschaftler wird versuchen, die Transaktionskosten – sprich die Zeit, die er für Tätigkeiten aufwendet, welche nicht direkt dem Informationsgewinn und dessen Vermittlung dienen – möglichst gering zu halten. Der Leser von Romanen hingegen praktiziert in dieser Hinsicht eine Ökonomie der Verschwendung: Statt möglichst rasch auf den Punkt zu kommen und nur das letzte Kapitel zu lesen, das in der Regel die Auflösung der zu Anfang heraufbeschworenen Verwicklung enthält, genießt er geradezu den *suspense* und folgt neugierig allen Umwegen, auf die ihn der Erzähler führt. Für diese Art des unwirtschaftlichen Umgangs mit Lebenszeit gibt es einen alten Begriff; er lautet zu deutsch Muße oder Müßiggang, lateinisch *otium*. Ökonomische und politische Tätigkeiten wurden demgegenüber als *negotium* betrachtet, mit anderen Worten als Negation jener Freiheit zur Zeit, wie sie für den Müßiggang charakteristisch ist. Lesen, sofern es nicht mit dem Bleistift bewaffnet ausgeführt wird, ist heutzutage eine der wenigen verbliebenen Beschäftigungen, in denen wir uns noch in der Kunst des Müßiggangs üben. Ob das so bleiben wird, wenn sich das elektronische Buch gegenüber dem papiernen durchsetzt, muss sich zeigen. Nicht nur Not macht erfinderisch.

»Was nie geschrieben wurde, lesen«

Dies alles könnte den Eindruck erwecken, als würde hier einem Anachronismus das Wort geredet, der den Schluss nahelegt, Lesen als Selbst- und Lebenszweck sei zwar schön und gut, aber in unserer heutigen von ökonomischen Zwängen bestimmten Informations- und Mediengesellschaft nicht mehr unbedingt zeitgemäß. Man könnte es also tun, genauso gut aber auch lassen, wenn einem die Zeit dazu fehlt oder man »Besseres« zu tun hat. Das Missverständnis könnte kaum größer sein. Dafür gibt es zwei Gründe. Der eine davon ist wesentlich für unser immer anwesendes Streben nach Lebensglück und bildet das Thema des abschließenden Kapitels dieser kleinen Abhandlung. Der andere ist wesentlich für unser Verständnis dessen, was Lesen überhaupt ist, und davon ausgehend für unsere Einschätzung, ob es eine Zukunft hat oder nicht. Dieser Zusammenhang ist das Thema der nächsten Seiten. Wir können nämlich gar nicht *nicht* lesen, und dies selbst dann, wenn wir zeitlebens Analphabeten blieben. Bei näherem Hinsehen erweisen sich die beiden oben angesprochenen Formen des Lesens – die ökonomische wie die müßiggängerische – nur als zwei Aspekte einer elementaren Tätigkeit, die älter ist als unsere Schriftkultur und deren Überdauern gar nicht an das Medium Buch gebunden ist.

Die Schrift entstand im Gefolge jener Umstellung der Lebensweise des Menschen, die man als neolithische Revolution bezeichnet. In diesem Transformationsprozess, der sich über Jahrtausende hinzog und in einigen wenigen Weltgegenden bis heute nicht abgeschlossen ist, nimmt der Mensch eine dauerhaft sesshafte Lebensform an. Statt das zum Leben Nötige durch Jagen und Sammeln in der Umgebung aufzutreiben und sich dafür von einem temporären Lebensmittelpunkt wegzubewegen, fängt der Mensch an, Lebensmittel durch Feldbau und Viehhaltung selbst zu produzieren, und lässt sich dazu dauerhaft an einem Ort nieder, der ihm für diese Belange besonders geeignet zu sein scheint. Obwohl uns diese sesshafte Lebensweise mit allen ihren Folgeerscheinungen, zu denen auch Bücher, Bibliotheken und Computer zählen, beinahe selbstverständlich geworden ist, sollten wir nicht vergessen, dass die Menschen die längste Zeit über ihr Dasein als Jäger und Sammler gefristet haben. Würden wir die bisherige Geschichte der menschlichen Gattung zu einem 24-Stunden-Tag zusammenziehen, würde jede Stunde dieses Tages einem Zeitraum von 100 000 Jahren Vergangenheit entsprechen. Die Phase der Landwirtschaft, der Kultivierung von Nutzpflanzen und der Domestikation von Tieren, begänne auf dieser Uhr erst sechs Minuten vor Mitternacht.

Um die fünfte oder vierte Minute vor Mitternacht dürften die Anfänge unserer Schriftkultur zu datieren sein. Auf die Frage, wie es dazu kam, hat die Wissenschaft mehrere Antworten. Welchen Zwecken aber das Aufschreiben ursprünglich auch immer gedient haben mag – ökonomischen, administrativen oder kultischen –, auf jeden Fall spiegeln sich in dieser Tätigkeit neue, mit der sesshaften Lebensweise verbundene Erfahrungsmuster. Statt das Sammeln von Erfahrungen mehr oder weniger dem Zufall zu überlassen, geschieht dies nun mit forcierter Zielstrebigkeit und Planmäßigkeit. Gegenüber der mündlichen Mitteilung von Erfahrung bietet ihre Niederlegung in einem externen Speicher den ungeheuren Vorteil, sich nicht auf das begrenzte, subjektive und störanfällige Erinnerungsvermögen von Einzelnen verlassen zu müssen, sondern sie unabhängig davon dauerhaft aufzubewahren und intersubjektiv zugänglich zu machen. Auf diese Weise wird aus Erfahrung Wissen.

Doch schon bevor die Tätigkeit des Lesens sich zum Vorgang der Wiederaneignung des schriftlich Niedergelegten spezialisierte, haben die Menschen gelesen. »Was nie geschrieben wurde, lesen«, lautet eine berühmte Verszeile des Dichters Hugo von Hofmannsthal. Sie findet sich in dem lyrischen Drama *Der Tor und der Tod* und ist dort dem Tod in den Mund gelegt, der die Wesen, welche dies vermögen, als »wundervoll« bezeichnet. Auch wenn Hofmannsthal dies wohl nicht gemeint hat – unsere jagenden und sammelnden Vorfahren waren solche wundervollen Wesen. Sie lasen, was nie geschrieben wurde – im Erdreich, im Schnee oder in zertretenen Zweigen lasen sie die Spuren von Tieren, denen sie nachstellten; und aus den Früchten, Pflanzen und Pilzen, auf die sie beim Umherstreifen stießen, lasen sie jene aus, von denen sie in einem Prozess von Versuch und Irrtum herausgefunden hatten, dass sie genießbar waren. Auch dazu gehört Spürsinn: Die essbaren Pflanzen müssen aufgespürt und aussortiert werden. Beide Aspekte dieses ursprünglichen Lesens hat unsere Sprache bis heute bewahrt: in den Fügungen »Fährten lesen« und »Spuren lesen« das Lesen des Jägers, in Wörtern wie Ährenlese, Blütenlese und Weinlese mit dem Spezialfall der Spät-

Eine etwas andere Geschichte des Lesens

Lesende Geisha, Japan 1904

lese das Lesen des Sammlers. In den drei letzten Fällen ist die Tätigkeit des Auf- und Zusammenlesens jedoch bereits von der Erfahrungswelt des Bauern geprägt, der nicht liest, um zu finden, sondern um zu ernten. Manfred Sommer hat diesen Umstand in einem bemerkenswerten philosophischen Versuch über das Sammeln, dem meine Ausführungen vieles verdanken, sehr treffend beschrieben: »Ob Bohnen oder Beeren, Birnen oder Trauben: der Garten-, Feld- oder Weinbauer geht systematisch vor, wenn er erntet. Er durchläuft Zeile für Zeile, sammelt ein, was gereift ist, und bewahrt es auf in seinem Sammelbehälter. Insofern ist jede Ernte eine Lese.« Und jede Lese ist eine Auslese: »ein Aussuchen, Auswählen, Aussortieren«.

Wir dürfen demnach festhalten: Für unsere jagenden und sammelnden Vorfahren war die Übung in der Kunst des Lesens unverzichtbar. Sie unterlagen dem Zwang, die besonders wertvolle, da tierisches Eiweiß enthaltende Nahrung mit Pfeil und Bogen oder mit Speeren erlegen zu müssen. Das ging natürlich nicht von jetzt auf gleich. Das professionelle Lesen von Fährten mit dem Ziel, von unterschiedlichsten und kaum wahrnehmbaren Abdrücken auf Art und Laufrichtung eines Tieres zu schließen, war Voraussetzung für den Jagderfolg. Der in solcher Lesekunst besonders bewanderte Jäger hatte ausgezeichnete Chancen bei den Frauen und dementsprechend viele Nachkommen. Doch nicht nur beim Jagen, auch bei der Tätigkeit des Sammelns von Nahrung spielte *Lesen* eine zentrale Rolle. Beide Aspekte in ihrem Zusammenhang haben sich in allen indogermanischen Sprachen in dem Wort lesen und seinen Äquivalenten erhalten: Ursprünglich meinte es, wie das Grimm'sche Wörterbuch konstatiert, »einer Spur folgen mit dem Ziel einer bestimmten Ausbeute vor Augen«.

Hat sich das Lesen eines Textes aus dem Lesen von Spuren und dem Auslesen von Essbarem entwickelt? Das wäre sicher zu einfach (und zu geradlinig) gedacht. Wohl aber treffen wir in der Evolution nicht selten darauf, dass bestehende Mechanismen für neue, erst später auftauchende Zwecke verwendet werden. (Der große amerikanische Paläontologe Stephen Jay Gould hat in diesem Zusammenhang von Auspassung [Exaption] statt von Anpassung [Adaption] gesprochen). Jedenfalls spricht vieles dafür, dass jene Hirnregionen, die beim Jetztmenschen fürs Lesen eingesetzt werden, vor Zeiten mit dem Entschlüsseln von Tierfährten betraut waren. Eine Studie an hirngeschädigten Patienten ergab beispielsweise, dass alle Personen, die Diagramme von Fußabdrücken nicht den entsprechenden Tierbildern zuordnen konnten, auch massive Leseschwierigkeiten hatten. Und australische Ureinwohner lernen das Spurenlesen in genau demselben Alter wie unsereins das Lesen und Schreiben. Unsere Vorfahren konnten die Fähigkeit des Schreibens und Lesens nur deshalb erwerben, weil bereits vorhandene Hirnregionen, die schon seit langem mit der Aufgabe betraut waren, Zeichen zu erkennen und mit einer Bedeutung zu verbinden, auch die neue Aufgabe übernahmen. Wir müssen also davon ausgehen, dass jenes ursprüngliche Vermögen der Zeichendeutung auch in unserem Umgang mit der Schrift anwesend ist. Lesen besitzt demnach wesentlich archaischere Züge, als wir gemeinhin annehmen. Seine Ursprünge reichen zurück in eine nichtsesshafte Lebensweise und in eine vorschriftliche Kultur. Seine ungebrochene Attraktivität dürfte auch damit zu tun

haben, dass es unter den Bedingungen eines sesshaften, ja sitzenden Lebens, einer weitgehend auf Dokumente und Dateien fixierten Kultur und einer auf Effizienz und Leistung abgestellten Lebensführung eine Erinnerung an das bewahrt hat, was dieser Lebensform vorausging. Das ist nicht unbedingt die Erinnerung an ein besseres Leben, wohl aber an elementare Formen, denen wir uns bis heute nicht zu entziehen vermögen. Lesen wäre demnach so etwas wie ein natürliches Gedächtnis der Menschheit. Wie von den Tierfährten und den Früchten des Waldes mag sich das Lesen eines Tages auch von den in Büchern aufbewahrten Texten als seinem privilegierten Gegenstand ab- und anderen, neuartigen Bereichen zuwenden. Mit den audiovisuellen Medien und dem Internet dürften wir in dieser Hinsicht schon die Anfänge einer neuerlichen Transformation des Lesens erleben. Unter japanischen Jugendlichen ist es mittlerweile etwa Mode, sich Fortsetzungsromane in konsumierbaren Häppchen aufs Handy schicken zu lassen und diese beim Bummel durch die Stadt, in der U-Bahn oder am Arbeitsplatz zu lesen. An der Tatsache, dass wir lesende Lebewesen sind und dass Lesen uns einen Weg zum Glück weisen kann, ändern solche Transformationen des Leseverhaltens nichts.

Wie Bauern, Jäger und Sammler lesen

In unserem heutigen Lesen hat aber keineswegs nur die Tätigkeit des Wildbeuters ihre Spuren hinterlassen. An dieser Stelle müssen wir auch dem Bauern unsere Ehrerbietung zollen. Unsere Art zu lesen verbindet, wie Manfred Sommer richtig schreibt, den Zeichensinn des Jägers mit dem Ordnungssinn des Bauern »zu einer Kulturtätigkeit ersten Ranges. Lesen heißt für uns: einen geschrieben vorliegenden Text diszipliniert in geordneter Form visuell wahrzunehmen und intelligent seinem Sinn gemäß inhaltlich aufzufassen.« Ich folgere daraus: Disziplin und Durchhaltevermögen, die zum Lesen wesentlich dazugehören, sind ein bäuerliches Erbe; wir verdanken es unserer landwirtschaftlichen Lebensweise, die, wie Jared Diamond so überzeugend dargelegt hat, gegenüber der des Jägers und Sammlers keineswegs nur ein Gewinn war. Die Leidenschaft, die mit dem Lesen einhergehen kann, ebenso wie das Auffassungsvermögen, das mit ihm einhergehen muss, sind hingegen ein Erbteil des Jägers und Sammlers. Und vielleicht lässt sich der letztere Aspekt noch einmal aufteilen: Die Leidenschaft hätten wir dann stärker vom

Jäger, das Auffassungsvermögen hingegen vom Sammler in uns.

Verweilen wir jedoch noch einem Moment beim Bauern und seinem Ordnungssinn. Wir halten heute den freien und unreglementierten Gebrauch von Büchern für eine Selbstverständlichkeit: dass man liest, was einem passt und der Markt hergibt, an einem Ort, den man sich frei wählt, und auf eine Weise, die den eigenen Vorlieben entspricht. In Wirklichkeit musste sich dieses liberale, manche meinen anarchische Leseverhalten historisch erst gegen eine Lesekultur durchsetzen, die genaue Regeln aufstellte, was und wie zu lesen sei, und durch starre Zugangsbeschränkungen geprägt war. Im abschließenden Kapitel werden wir in dem schwarzen amerikanischen Schriftsteller Richard Wright dem exemplarischen Fall eines Lesers begegnen, der sich das Menschenrecht zu lesen regelrecht nehmen musste, in dem Bewusstsein, damit gegen das seinerzeit geltende Recht zu verstoßen. In Europa ist die Liberalisierung des Leseverhaltens mit einer Leserevolution am Ende des 18. Jahrhunderts verbunden, deren Auswirkung auf die Gemüter und das Verhalten der Menschen die Zeitgenossen zum Vergleich mit der Französischen Revolution veranlasste. Damals bildete sich ein modernes Lesepublikum heraus, das seinen Lesestoff nicht mehr nach den Kriterien der Religionszugehörigkeit, Obrigkeitstreue, der Gelehrsamkeit oder der Nützlichkeit wählte, sondern sich von emotionalen und intellektuellen, privaten und sozialen Bedürfnissen leiten ließ. Lesende Frauen haben in diesem Prozess eine ausschlaggebende Rolle gespielt, indem sie die Literatur als ein Terrain entdeckten, das ihren Ehemännern fremd war und auf dem sich Entdeckungen machen ließen, die ihnen eine gewisse emotionale und intellektuelle Souveränität verschafften.

Auf der Seite des Ordnungssinns finden wir in diesem Prozess vor allem die Pädagogen und Wissenschaftler. Während die Schullehrer den Kindern nicht nur lesen und schreiben beibringen, sondern vor allem, wie man richtig schreibt und richtig liest, später dann, wie man Literatur sachlich richtig und argumentativ überprüfbar interpretiert, ist den Universitätslehrern die hohe Schule der Interpretation vorbehalten. Wie Susan Sontag bereits 1964 in einer fulminanten Polemik gegen das Geschäft der Interpretation herausgearbeitet hat, besteht deren ganze Kunst in zwei aufeinanderfolgenden Operationen. Interpretieren bedeutet nämlich im Klartext nichts anderes, als im ersten Schritt einzelne Elemente zu isolieren (etwa X, Y und Z) und sich dann in einem zweiten Schritt an eine Art Übersetzungsarbeit zu machen. »Der Interpret sagt: Sehen Sie denn nicht, dass X eigentlich A ist (oder bedeutet)? Dass Y eigentlich für B und Z für C steht?« Wir können darin das Auslesen des Sammlers und die zeichendeutende Tätigkeit des Jägers wiedererkennen. Doch in diesem Fall sind Jäger und Sammler lediglich Marionetten eines Drahtziehers hinter der Bühne, in dem sich bei genauerem Hinsehen der alte Bauer mit seinem Ordnungssinn verbirgt. Allerdings hat er sein Erscheinungsbild gehörig modernisiert. Und so wie der moderne Landwirt nicht länger selbst die Zeilen seiner Felder, Plantagen oder Weinberge abläuft und dabei das, was gereift ist, mit den Händen einsammelt, sondern auf einer Erntemaschine sitzt und diese steuert, so verhält es sich auch mit dem modernen Professor, der aus der Interpretation eine Wissenschaft gemacht hat. Seine mächtige und effiziente Erntemaschine, mit der er die Texte der Tradition durchfährt und dabei die Spreu vom Weizen trennt, heißt Theorie. Im Bild des Marionettenspielers ausgedrückt: Die Drähte, an denen er zieht, um die Puppen tanzen zu lassen, stehen für bestimmte Vorannahmen über unsere Wirklichkeit. Diese tragen entweder den Namen des jeweiligen Begründers der betreffenden Theorie, heißen also etwa Foucault, Derrida oder Baudrillard, oder werden unter Sammelbezeichnungen wie Feminismus, Kritische Theorie oder Hirnforschung geführt.

Viele Studenten der Literaturwissenschaften, etwa der Germanistik, haben sich für dieses Fach aus dem schlichten Grund entschieden, dass sie gerne lesen. Nicht wenige erleben dann eine herbe Enttäuschung. Denn wenn ihnen nicht bereits der Deutschunterricht die unschuldige Lust am Lesen geraubt hat, die Universität wird es gewiss tun. Sie lesen dort nicht, wie erhofft, Büchner und Kleist, Austen und Faulkner, und wenn, dann in einer Art Umschrift, die den literarischen Text in die Begriffe des jeweiligen theoretischen Stichwortgebers und Gedankenlieferanten übersetzt. In Wirklichkeit lesen sie also gar nicht Kleist, sondern beispielsweise Foucault.

Dabei geht nicht nur häufig das verloren, was Kleist uns eigentlich zu sagen hätte. Indem wir Theorie auf Literatur anwenden, berauben wir Letztere auch einer ihrer wesentlichen Eigenschaften. Literatur neige dazu, dicht, Theorie hingegen dazu, schwierig zu sein, hat Richard Poirier diesen Umstand in einem Bonmot formuliert. (Im Englischen klingt das besser: »Literature tends to be dense; theory tends to be difficult.« Nicht nur das Deutsche, auch das Englische spricht von dichtem Wald oder dichtem

Nebel; und natürlich klingt auch das Wort »Dichtung« an, das alte deutsche Wort für ein sprachliches Kunstwerk). Das Ergebnis von Interpretation besteht häufig in wenig mehr, als die Dichte eines literarischen Werks in die Kompliziertheit einer Theorie zu übersetzen. Dabei geht das meiste von dem verloren, was gewöhnliche Leser an Literatur fasziniert, und man fragt sich, wozu dieses Geschäft des Umschreibens von Literatur eigentlich dient außer der Selbsterhaltung der damit befassten Wissenschaft. Bringt man Theorie zwischen Leser und Literatur – macht man Theorie also zu einer Voraussetzung, um über einen literarischen Text zu sprechen –, dann, so Mark Edmundson in *Why read?,* verwendet man die Theorie dazu, neugierige Leser um jene literarische Erfahrung zu bringen, auf die sie eigentlich ein Anrecht haben.

Damit sich diese literarische Erfahrung einstellen kann, bedarf es wahrscheinlich sogar einer gewissen Einsamkeit. Die Frage, was derjenige eigentlich macht, der sich allein mit einem Buch in ein stilles Eckchen zurückzieht, wird gestellt, seitdem Frauen und Männer dies bewusst und demonstrativ tun. Noch heute gilt diese Art, sich von jeder menschlichen Gemeinschaft abzusondern und eine undurchdringliche Privatsphäre um sich zu errichten, manchem als anstößig, zumindest als suspekt. Vor gut 250 Jahren, als sich dieses seltsame Verhalten insbesondere unter Frauen mehr und mehr auszubreiten begann, erhoben sich auch warnende Stimmen seitens der Psychologen und Pädagogen, die von der gefährlichen Auswirkung von Lektüre auf die Einbildungskraft und die Nerven sprachen. Und in einiger Hinsicht hatten sie nicht einmal Unrecht. Denn das Lesen heizt unserem Vorstellungsvermögen

ein wie einst nur noch die Jagd unseren Vorfahren: Unter Umständen hetzten diese tage- und nächtelang fieberhaft hinter ihrer potenziellen Beute her – nur wenig anders der Leser, der in den Sog eines seine Aufmerksamkeit fesselnden Buches gerät. Insbesondere Kinder und Jugendliche berichten auch heute noch von der intensiven Entrücktheit ihrer Leseerlebnisse. Beim Lustlesen vermischt sich Verstandestätigkeit mit Wachträumerei, so wie wir das bei unseren Vorfahren annehmen dürfen, die Wald und Flur auf der Suche nach Essbarem durchstreiften.

Es sollte uns deshalb nicht verwundern, dass bevorzugte belletristische Themen die Jagd nach Glück, Liebe, Macht und Ruhm oder auch das Aufspüren eines Täters sind. Und noch in anderer Hinsicht hat sich der archaische Hintergrund einer vermeintlich so harmlosen Beschäftigung wie Lesen erhalten. Mit Vorliebe verwenden wir Speisemetaphern, um die Intensität des Lesens zu beschreiben: Wir verschlingen ein Buch, ziehen es rein oder fressen es auf. Und so hat es auch seinen guten Grund, dass beim Genusslesen Unmengen von Essbarem, mit Vorzug Schokolade, vertilgt werden – und dies gänzlich unmetaphorisch.

Wildes, von Interpretationszwang und Theorie unbehelligtes Lesen wandelt aber nicht nur in der Spur des Jägers, sondern auch in der des Sammlers. Lesen ist nämlich, wie Alberto Manguel schreibt, »ein kumulativer Vorgang, der sich in geometrischer Progression vollzieht«. Mit anderen Worten: Jede neue Lektüre baut auf der vorangehenden auf, und mit jedem gelesenen Buch wächst unsere literarische Erfahrung exponentiell an. Indem wir lesen, sammeln wir Kenntnisse, die uns bei unserem nächsten Streifzug zugutekommen. Insofern Literatur Zugänge zur Wirklichkeit bietet, bezieht sich das lesende Aufsammeln und Ansammeln von Erkenntnissen nicht nur auf die Welt der Bücher selbst, sondern auch auf die Welt draußen, jenseits der Bücher. Leser sind »Weltensammler«, wie der Titel des schönen Buches von Ilja Trojanow über den Weltreisenden Richard Burton lautet.

Indem wir auf diese Weise lesend Erfahrung auf Erfahrung häufen, erwerben wir nicht nur ein literarisches Gedächtnis und eine Kennerschaft, die Theorie überflüssig macht, es sammeln sich auch immer mehr Bücher um uns herum an – manche davon haben wir gelesen, viele warten womöglich noch darauf. Bei nicht wenigen Lesern nimmt die Sorge um Lesefutternachschub die Gestalt von Beutezügen an, von denen der Buchhandlungen, Antiquariate und Auktionshäuser oder auch nur das Internet durchstreifende Bibliomane regelmäßig mit einer vollen Sammeltasche heimkehrt, bis schließlich die heimische Höhle von oben bis unten vollgestopft ist mit Büchern. In der Regel obsiegt irgendwann der Ordnungssinn, und durch das Aussortieren unbedachter Anschaffungen, doppelter Exemplare und jener Bücher, deren Lektüre auch in einem noch so langen Leben nicht zu schaffen ist, wird wiederum Platz gemacht – für neue Bücher, die sich mit hundertprozentiger Sicherheit schon bald einstellen. Als Leser sind wir in einer Welt, die sich auf ihre der Landwirtschaft entstammenden Rationalität viel zugutehält, immer wieder noch einmal Jäger und Sammler – und manchmal notgedrungen auch ein wenig Bauer. Und das ganz unabhängig davon, ob wir nun papierne oder elektronische Bücher lesen – oder sogar beides.

KAPITEL 4

Warum Lesen glücklich macht

Wenn Sie, liebe Leserin und lieber Leser, genügend Ausdauer bewiesen haben, um meinen Ausführungen bis hierhin zu folgen, dann vielleicht auch in der Hoffnung, irgendwann eine zufriedenstellende Antwort auf die Frage zu erhalten, warum Lesen glücklich macht. Andere, die das Buch bereits aus der Hand gelegt haben, taten dies vielleicht auch aus Enttäuschung darüber, dass die erwarteten Rezepte fürs Leseglück bislang ausgeblieben sind.

Nun, Rezepte werde ich auch in diesem Schlusskapitel nicht liefern können, weil nicht nur für den speziellen Fall des Leseglücks, sondern fürs Glücklichwerden generell keine Gebrauchsanweisungen existieren, an die man sich halten könnte. Es mag zwar immer wieder Autoren geben, die behaupten, einen richtigen oder gar den einzig wahren Weg zum Glück gefunden zu haben, und in der Hoffnung auf Nachfolger oder auch nur auf sprudelnde Honorareinnahmen dann entsprechende Leitfäden verfassen. Sie verweigern sich jedoch der Einsicht, dass Urteile über Glück zutiefst subjektive Werturteile und folglich weder wahr noch falsch sind. In Bezug auf Glück urteilt jeder in eigener Sache. Das verhält sich beim Leseglück nicht anders. Die Quellen für Glückserfahrungen mit Büchern mögen allgemeiner Natur sein; ich habe sie im vorigen Kapitel, im Rückgriff auf unsere Vorfahren, als die Passionen des Jagens und Sammelns beschrieben. Wie und bei welchen Gelegenheiten diese Quellen zu sprudeln beginnen, ist dagegen eine höchst individuelle Geschichte. Leseglück ist in dieser Hinsicht so wenig (mit-)teilbar wie Lebensglück.

Etwas weniger subjektiv verhält sich die Sache mit dem Glück hingegen, wenn wir von einem anderen meinen, er sei glücklich. Wie der englische Philosoph Richard M. Hare zeigen konnte, schließt dieses Urteil nämlich ein, dass wir im Prinzip bereit wären, mit ihm zu tauschen. Wir werden keinen Menschen glücklich nennen wollen, gegen dessen Wünsche und Interessen wir eine unüberwindliche Abneigung verspüren. Hare bringt das drastische Beispiel, dass kaum jemand einen Heroinsüchtigen, der stets genügend Heroin bekommt, als wirklich glücklich bezeichnen würde. Feststellungen über das Glück anderer haben sowohl eine Innen- wie auch eine Außenperspektive. Wir können dabei weder beliebig von unseren eigenen Wünschen und Bewertungen noch davon absehen, was wir über einen anderen wissen. Das erklärt die Vielzahl und das breite Spektrum von Lebensbedingungen, die man als glücklich bezeichnet hat. 288 Ansichten, worin das Glück besteht, zählte bereits Marcus Terentius Varro, der berühmteste römische Universalgelehrte, und ihm darin folgend Augustinus. Die Zahl dürfte wie die der Menschen und der Bücher in der Zwischenzeit exponentiell gestiegen sein.

Treffen wir allerdings auf einen Menschen, der uns glücklich zu sein scheint, so übt er eine große Anziehungskraft auf uns aus. Nicht selten ist damit der Wunsch verbunden, so zu sein wie der andere. In der Regel befestigen wir dadurch jedoch unser eigenes Unglück, denn letztlich wissen wir nur zu gut, dass wir aus unserer Haut nicht herauskönnen und dass der Wunsch, ein anderer zu werden, eine schöne Fiktion, aber realitätsfern ist. Man bemerkt dies etwa auf Reisen. Häufig stellt sich diese zwiespältige Erfahrung bereits bei der Ankunft an dem Ort der Sehnsucht ein, etwa einer Insel mitten im Meer, wo sich dann, wie beispielsweise der Schriftsteller Alain de Botton berichtet, ein bislang übersehenes Faktum aufdrängt: »Ich hatte ja mich selbst mit auf die Insel mitgenommen.« Mit der unvermeidbaren Konsequenz, dass sich das erwünschte ungetrübte, dauerhafte Glück lediglich als eine kurze und flüchtige Erscheinung erweist. Wir können noch so weit verreisen und mit hohen Erwartungen verbundene Sehnsuchtsorte aufsuchen, wir können noch so häufig umziehen, noch so viel Anstrengungen unternehmen, unser Ich aufzusprengen, uns noch so eng an jemanden binden, den wir für einen glücklichen Menschen halten, oder noch so intensiv im Rausch oder in unermüdlicher Tätigkeit Selbstvergessenheit suchen – wir entkommen uns nicht.

Dies erklärt die Faszination, die das Lesen von Literatur ausüben kann; denn es stellt unter diesen Umständen eine Möglichkeit dar, den eng umgrenzten Bezirk unseres Ichs auf Zeit zu verlassen und den eigenen Erlebens- und Lebensradius zu erweitern. Weil uns letztlich nichts anderes übrigbleibt, als der durchs Leben zu gehen, der wir nun einmal sind, bietet sich das Bücherlesen als Kompromisslösung in Sachen Selbstüberschreitung an. Literaturwissenschaftler halten Lesen um der erzählten Geschichte und ihrer Charaktere willen in der Regel für den Gipfel an Naivität und weisen darauf hin, dass wir es nicht mit wirklichen Geschichten und Personen, sondern mit Artefakten narrativ organisierter Wirklichkeit zu tun haben, die aus

nichts anderem gemacht sind als aus kunstvoll arrangierten Sätzen. Doch Sätze sind eben nie einfach bloß Sätze; sie beziehen sich immer auf Lebenszusammenhänge. Liest man dann die wissenschaftlichen Werke dieser Forscher, so trifft man auf den irritierenden Umstand, dass auch sie selbst trotz aller Beschwörungen des Gegenteils die Akteure eines Romans häufig nicht anders behandeln, als seien sie Menschen aus Fleisch und Blut. So ist etwa von ihrem Glück oder Unglück, ihrer Authentizität oder Selbsttäuschung die Rede. Verfahren die Forscher also nur nicht konsequent genug? Oder handelt es sich gar nicht um eine naive, sondern im Gegenteil um eine zumindest für den Roman grundlegende Form des literarischen Verstehens? Edward Mendelson, ein amerikanischer Literaturprofessor, plädiert leidenschaftlich für letztere Auffassung. Für ihn liegt die Faszinationskraft und Qualität von Romanen geradezu darin, dass sie von Menschen und ihren Lebensbedingungen erzählen, und dies unter der Perspektive, dass es sich nicht um Angehörige irgendeiner Kategorie, Klasse oder Gruppe im Sinne typologischer Schematisierung handelt, sondern um autonome, gleichsam lebendige Personen. Natürlich wissen wir, dass Elizabeth Bennet, Julien Sorel, Hans Castorp oder Kiki Belsey lediglich Schöpfungen ihrer Autoren sind. Und doch sind wir imstande und auch willens, sie auf ihrem Weg ein Stück zu begleiten, manchmal sogar über das Ende ihrer Geschichte hinaus, weil sie uns etwas zu sagen haben, von dem wir fühlen, dass es uns angeht. Nicht von allen würden wir im Lichte dessen, was wir über sie erfahren, behaupten wollen, sie seien glücklich oder auch nur sympathisch. Aber sie sind interessant, und dies nicht in einem oberflächlichen, sondern in jenem faszinierenden Sinn, dass ihre Schöpfer sie mit Wünschen, Überlegungen und Möglichkeiten ausgestattet haben, die wir als die echter Menschen wiedererkennen. Die Nahrung, die der Autor in diesem Werk dem Leser anbiete, sei nichts anderes als »die menschliche Natur«, schrieb Henry Fielding 1749 in *Die Geschichte des Tom Jones, eines Findlings* und bestimmte damit, was der in Paris lebende tschechische Schriftsteller Milan Kundera die Raison d'être des Romans genannt hat. Aufklärung und Moderne haben den Roman als ein Medium der anthropologischen Reflexion entdeckt. Seit Fielding geht es beim Romanschreiben in erster Linie nicht mehr darum, amüsante, unterhaltsame oder erbauliche Geschichten zu erzählen; vielmehr wird der Roman zu einem Schauplatz der Entdeckung und der Erkenntnis unbekannter Aspekte des Menschen, seiner Wirklichkeiten und Möglichkeiten.

Wenn wir Romane lesen, probieren wir Geschichten an wie Kleider, hatte ich im zweiten Kapitel Max Frisch zitiert. Wir prüfen, ob sie zu uns passen, ob das menschliche Maß, das der Autor an seine Figuren angelegt hat, eines ist, mit dem wir uns identifizieren können. Auf Zeit vertauschen wir unsere Kleider mit denen einer oder mehrerer Figuren des erzählten Geschehens, und es kann sogar sein, dass uns ihr Schicksal so nahe geht, dass wir uns fühlen, als steckten wir in ihrer Haut. Wir erkennen dadurch neue Aspekte unseres eigenen Lebens und was es überhaupt heißt, als Mensch auf dieser Erde zu leben. Ist das Buch gut, haben wir diese Aspekte nicht nur von außen, sondern auch aus der Innensicht kennengelernt. Und dann kann es sein, dass wir uns wirklich ein Stück weit verändert haben, ohne gleich ein ganz anderer geworden zu sein, mithin uns während der Lektüre verwandeln, ohne uns ganz zu verlieren.

Dieser Akt des Lesens kann verschiedene Formen annehmen: Er kann ein Aussteigen aus den gewöhnlichen Lebenszusammenhängen, ein Einsteigen in vollkommen neue Lebenszusammenhänge oder auch ein Umsteigen in alternative Lebenszusammenhänge sein. Alle drei Formen bergen Glückspotenziale, und in allen drei Fällen gibt es verschiedene Möglichkeiten, wie sich Leseglück und Lebensglück bzw. Lebensunglück aufeinander beziehen.

Aussteigen

Dass Lesen glücklich macht, weil es zumindest auf Zeit einen Ausstieg aus dem von Zwängen bestimmten Alltag erlaubt, ist bis heute die meistgegebene Auskunft bezüglich des Leseglücks. Und so sieht es interessanterweise auch die insbesondere in der Vergangenheit lesefeindliche Kritik, deren Verbreitung parallel zu der des wilden, unreglementierten Lesens seit dem Ende des 18. Jahrhunderts verlief. Nur dass sie nicht von Selbstvergessenheit und dem Eintauchen in fremde Welten sprach, sondern etwa von Eskapismus, Betäubung und Phantasterei. (Heute, wo das Lesen angesichts neuer, auf den ersten Blick noch wildwüchsigerer Unterhaltungsformen ein außerordentlich positives Image gewonnen hat, hat sich weniger die Art der Kritik als deren Gegenstand gewandelt; sie trifft nun vor allem das Fernsehen sowie Computer- und Onlinespiele als Formen der totalen Unterhaltung rund um die Uhr – vermutlich nicht ganz zu Unrecht.)

Lesen macht glücklich, weil es unser Bild von uns selbst verwandelt.

Betrachten wir ein Beispiel für ausstiegsbedingtes Leseglück. Im Jahr 1919 lernt der Versicherungsbeamte und Schriftsteller Franz Kafka den Sohn eines Kollegen in der Versicherungsanstalt kennen, einen schwärmerischen Gymnasiasten, der, statt die Schule zu besuchen, in die städtische Bibliothek flieht und wie ein Besinnungsloser Romane verschlingt. Er nennt sich zwar glücklich, wie Kafka anmerkt, doch macht er auf den Älteren »einen beängstigend verwirrten Eindruck« – so sucht er ihn etwa unangemeldet im Büro auf, bringt ihm dabei einen Haufen Bücher mit, die er lesen soll, und rennt dann dort

herum, abwechselnd weinend, lachend und schreiend. Gustav Janouch, so der Name des überspannten jungen Mannes, steckt in einer Adoleszenzkrise, die noch durch eine familiäre Krise verstärkt wird, und er schreibt auch Gedichte – deshalb der Kontakt zu Kafka – und bezeichnet sich als Büchernarr. Über 30 Jahre später wird dieser Gustav Janouch seine Erinnerungen an die Begegnungen und Gespräche mit dem früh verstorbenen Kafka in einem Buch verarbeiten, dessen Quellenwert zwar äußerst zweifelhaft ist, das dennoch zahlreiche interessante Episoden und Gespräche schildert. Zum Beispiel folgende: Kafka und sein junger Begleiter schlendern durch Prag und bleiben vor dem Schaufenster einer Buchhandlung stehen. Als Gustav Janouch den Kopf immer wieder seitlich verdreht, um die Titel auf den Buchrücken entziffern zu können, lacht Kafka und bemerkt spöttisch: »Sie sind wohl auch ein

Büchernarr, dem die Lektüre den Kopf hin und her reißt.« »Ja, so ist es. Ich glaube, dass ich ohne Bücher nicht existieren könnte. Für mich sind sie die Welt.« Dr. Kafka zieht die Augenbrauen zusammen. »Das ist ein Irrtum. Das Buch kann die Welt nicht ersetzen. Das ist unmöglich. Im Leben hat alles seinen Sinn und seine Aufgabe, die von etwas anderem nicht restlos erfüllt werden kann. Man kann – zum Beispiel – sein Erleben nicht mittels eines Ersatzmannes bewältigen. So ist es auch mit der Welt und dem Buch. Man versucht das Leben in Bücher wie Singvögel in Käfige einzusperren. Doch das gelingt nicht.«

Halten wir zunächst fest, dass »Dr. Kafka« hier nicht wie der gewöhnliche Kritiker exzessiver Lektüre argumentiert. Er wendet sich nicht gegen Vielleserei und Selbstvergessenheit über der Lektüre. Er wendet sich vielmehr gegen eine Verwechslung, die daraus allzu leicht folgt, nämlich der von Lesen und Leben. Seine Begründung ist nicht moralischer, sondern existenzieller Natur: Leben und Erleben lassen sich nicht delegieren, auch nicht ans Lesen. Erlebnisse mag man simulieren können, haben muss man sie selbst. Ein Leben mag völlig fremdbestimmt geführt werden, leben tut man es dennoch selbst. Und obwohl in dem kleinen Dialog das Wort Glück nicht fällt, scheint es als Problem gegenwärtig zu sein. Denn Janouch will eigentlich sagen: Ein Leben ohne Bücher wäre für mich ein unglückliches Leben. Nur indem ich lese, bin ich glücklich. Und Dr. Kafka entgegnet ihm: Man kann nicht lesen, statt zu leben. Dann gelingt, dann glückt das Leben nicht.

Davon ausgehend lässt sich die Meinungsverschiedenheit des Älteren und des Jüngeren über den Gebrauch von Büchern auch als eine Auseinandersetzung darüber lesen, was unter Glück zu verstehen sei. Der junge Janouch scheint mit Glück das zu meinen, was sich bei einer Form von Lektüre einstellt, das wir traditionell mit Begriffen wie Selbst- und Weltvergessenheit beschreiben. Wichtig ist dabei vor allem die intensive Konzentration auf die Kommunikation mit dem Buch – gewissermaßen unter Absehung von allem anderen, auch dem Akt des Lebens selbst, in dem Gelesenen vollkommen aufzugehen. Interessanterweise berichten Autoren von ähnlichen Erfahrungen beim Schreiben. Der Psychologe Mihaly Csikszentmihalyi hat derartigen Erlebniszuständen, die er auch bei Sportlern, Chirurgen oder Dirigenten, letztlich bei allen Personen antraf, deren berufliche Tätigkeit ihnen ein Höchstmaß an Konzentration und Aufmerksamkeit abverlangt, den Namen *flow* (fließen) gegeben. Interessant ist vor allem seine Herleitung unserer Wertschätzung von Flow-Erlebnissen. Csikszentmihalyi setzt sie in Kontrast zu unserem gewöhnlichen Alltagserleben, bei dem wir uns häufig bedroht fühlen. »Wenn man beispielsweise über die Straße geht und merkt, dass manche Menschen sich umdrehen und einen angrinsen, ist es normal, sich sofort Gedanken zu machen. Stimmt etwas nicht? Sehe ich anders aus, gehe ich komisch oder ist mein Gesicht verschmiert? Hunderte von Malen am Tag wird man an die Verletzlichkeit des Selbst erinnert. Und jedes Mal geht psychische Energie bei dem Versuch verloren, wieder Ordnung im Bewusstsein herzustellen.« Beim Flow gibt es keinen Raum für Selbsterforschung; denn in solchen Phasen ungeteilter Aufmerksamkeit, in denen wir ganz in unserem Tun aufgehen, ist unser Gehirn optimal ausgelastet. Für das Wohlgefühl, das sich dabei einstellt, machen Hirnforscher heute eine gesteigerte Ausschüttung des Botenstoffs Dopamin verantwortlich.

Vor diesem Hintergrund mag es auch kaum verwunderlich erscheinen, dass der hochgradig labile und unsichere junge Mann sein ganzes Lebensglück im Bücherlesen sucht. In seinen im Jahr 1907 zuerst als Vortrag gehaltenen Überlegungen zum Dichter und dem Phantasieren hat Sigmund Freud ein solches Verhalten mit der »Korrektur der unbefriedigenden Wirklichkeit« und der Befreiung von seelischen Spannungen erklärt. Man dürfe sagen, »der Glückliche phantasiert nie, nur der Unbefriedigte«, schrieb Freud. Lesen ist ein Umweg, uns die verwehrte Befriedigung doch noch, nun aber im Gleichnis, nicht mehr in der Wirklichkeit, zu verschaffen. Freud sah im Dichten und seinem Gegenstück, dem Lesen, eine Fortsetzung von Tagträumen, in deren Zentrum »Seine Majestät, das Ich« steht, wie er es formulierte. Romane mit einem

Franz Kafka als Student

sympathischen Helden im Mittelpunkt, der vom Autor wie von einer besonderen Vorsehung geschützt wird, sind Steilvorlagen für unsere egozentrischen Phantasien, in denen wir uns Wünsche wie den nach Unverletzlichkeit erfüllen. Der Romanautor, so könnte man Freud ergänzen, sitzt aber nicht nur in der Seele des Helden, sondern nicht selten auch in der des auktorialen Erzählers und vermittelt dem Leser auf diese Weise das beruhigende Gefühl, alles unter Kontrolle zu haben.

Kafka demgegenüber scheint die Position zu vertreten, dass wir uns im Leben nicht nur an die Einbildungskraft halten können. Tun wir das, so um den Preis, den Realitätssinn zu verlieren. Das Leben lässt sich nicht wie ein Vogel in einen Käfig sperren, will heißen, man kann es nicht auf eine (Innen-)Perspektive reduzieren, die sich letztlich nur einem selbst erschließt. Wir werden nicht nur ständig von außen, also von anderen betrachtet, wir sind, um uns zu verstehen, auch darauf angewiesen, uns selbst mit den Blicken der anderen zu sehen. Erst unter Berücksichtigung dieser unvermeidlichen Außenperspektive lässt sich auch von einem glücklichen im Sinne eines glückenden, eines gelingenden Lebens reden.

Bei Kafka spielte aber noch etwas anderes eine Rolle. Er misstraute nicht nur dem Leseglück, sondern dem Glück überhaupt, weil er es letztlich für oberflächlich hielt. Das geht etwa aus einem Brief an den Jugendfreund Oskar Pollak hervor, der zu einer Zeit geschrieben wurde, als er selbst kaum älter war als sein späterer, nur beim Lesen glücklicher junger Schützling. »Ich glaube«, schrieb Kafka im Januar 1904, damals 20 Jahre alt, »man sollte überhaupt nur solche Bücher lesen, die einen beißen und stechen.

Wenn das Buch, das wir lesen, uns nicht mit einem Faustschlag auf den Schädel weckt, wozu lesen wir dann das Buch? Damit es uns glücklich macht, wie Du schreibst? Mein Gott, glücklich wären wir eben auch, wenn wir keine Bücher hätten, und solche Bücher, die uns glücklich machen, könnten wir zur Not selber schreiben. Wir brauchen aber die Bücher, die auf uns wirken wie ein Unglück, das uns sehr schmerzt, wie der Tod eines, den wir lieber hatten als uns, wie wenn wir in Wälder verstoßen würden, von allen Menschen weg, wie ein Selbstmord, ein Buch muß die Axt sein für das gefrorene Meer in uns. Das glaube ich.«

Die Ansicht über das Ziel und den Sinn des Bücherlesens, der Kafka hier mit großartigen Worten Ausdruck verleiht, ist einer Idee verpflichtet, die ich das Authentizitätspathos der modernen Literatur nennen möchte. Dass das Schreiben und Lesen von Literatur nicht Amüsement, sondern Erkenntnis ist, das hatte schon Fielding im 18. Jahrhundert behauptet. Kafka und viele seiner Vorgänger, Zeitgenossen und Nachfolger aber radikalisieren diese Position, indem sie wirkliche Erkenntnis damit gleichsetzen, den Lügen einer entfremdeten sozialen Wirklichkeit und der Tendenz des Menschen zur Selbsttäuschung zu entkommen. Glücklich zu sein oder ein glückendes Leben zu führen kann in einer korrupten Welt letztlich nur darauf beruhen, dass wir uns etwas vormachen. Weil wir jedoch dazu neigen, uns auch in der falschen Welt immer wieder einzurichten, brauchen wir Bücher, die uns mit einem Faustschlag auf den Schädel wachrütteln.

Wahrer als das Glück ist also das Unglück; denn in ihm liegt die Erkenntnis, die wir benötigen, um uns aus dem Lügengewebe zur Authentizität hin zu befreien. Der

Weg dorthin führt über extreme Selbstisolierung, wie der Kulturtheoretiker Lionel Trilling gezeigt hat. Kafka dürfte ein Paradebeispiel für diese Suche nach Authentizität in selbst gewählter Einsamkeit sein.

Obwohl oder gerade weil Kafka von Jugend an davon überzeugt war, dass es eigentlich unmöglich ist zu leben, hat er im Lesen und insbesondere im Schreiben letztlich wohl doch eine Form von Glück gefunden. »Es waren und sind in mir zwei, die miteinander kämpfen«, schreibt er Felice Bauer kurz nach der Auflösung ihrer ersten Verlobung, der eine zweite Verlobung und eine erneute Entlobung folgen sollten. »Der eine ist fast so, wie du ihn wolltest ... Der andere aber denkt nur an die Arbeit, sie ist seine einzige Sorge, sie macht, dass ihm die gemeinsten Vorstellungen nicht fremd sind ... Die zwei kämpfen nun, aber es ist kein wirklicher Kampf, bei dem je zwei Hände gegeneinander losschlagen. Der erste ist abhängig vom zweiten, er wäre niemals, aus inneren Gründen niemals im Stande, ihn niederzuwerfen, vielmehr ist er glücklich, wenn der zweite glücklich ist ...« Man könne das Leben nicht in Bücher wie Vögel in Käfige einsperren, hat Kafka dem jungen Gustav Janouch nach dessen Erinnerung als Lebensweisheit mitgegeben. Er selbst aber scheint sich in den Käfig des Schreibens eingeschlossen zu haben, belangbar vom äußeren Leben nur dann, wenn er eines Anstoßes bedurfte, um seine innere Welt zu Papier zu bringen.

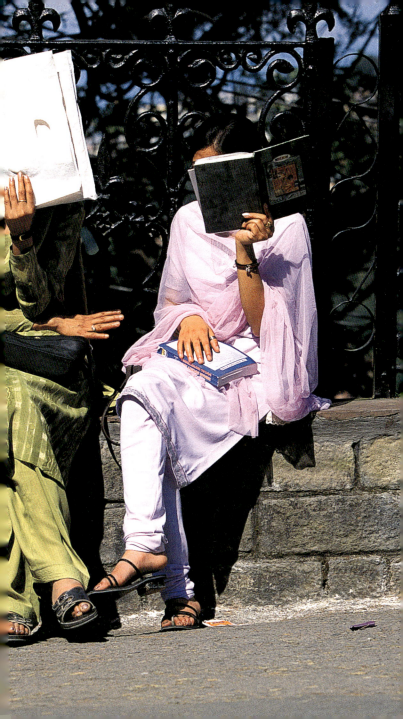

Einsteigen

Leseglück, so hatte ich gesagt, kann sich nicht nur als Folge des Aussteigens aus den gewöhnlichen Lebensverhältnissen und der Entrückung in eine andere, scheinbar authentischere Welt einstellen; Bücherlesen kann auch Glück bedeuten, weil es einen Einstieg in Lebenszusammenhänge ermöglicht, aus denen der Betreffende bislang ausgeschlossen war. Auch dazu ein Beispiel.

Die amerikanische Literatur ist reich an Bibliotheksszenen. In der öffentlichen Bibliothek, einem Ort mit dem Anspruch, Wissen für alle zur Verfügung zu stellen, dessen Betreten oder Benutzung aber mit starken Auflagen und Zulassungsbeschränkungen verbunden war, entschieden sich einst ganze Lebensschicksale. Die vielleicht berühmteste Bibliotheksszene findet sich am Schluss von *Black Boy*, der mitreißenden Autobiografie von Richard Wright, des ersten afroamerikanischen Schriftstellers von internationalem Rang. Das Buch erschien 1945 in den USA; es erregte großes Aufsehen und gab Anlass zu heftigen Diskussionen. Ohne jede Sentimentalität erzählt Wright, wie er im Süden der USA unter äußerst prekären Verhältnissen aufwuchs, in einer Welt, die von strikter Rassentrennung geprägt war. Die Sklaverei war zwar aufgehoben, aber das Schicksal der Schwarzen war weiterhin, als untergeordnete und minderwertige Menschen angesehen und behandelt zu werden. Wrights Buch war ein Fanal auch deshalb, weil er genügend Selbstbewusstsein besaß, um dieser Zumutung von Kindesbeinen an erst instinktiv und dann zunehmend bewusster mit seiner Person entgegenzutreten. Und dabei spielte das Bücherlesen eine bedeutende Rolle.

Wrights erste Begegnung mit Büchern endete, wie so vieles in seiner Kindheit, mit einer Tracht Prügel. Seine fromme und strenge Großmutter, bei der er und seine alleinerziehende Mutter eine Zeitlang wohnten, hatte als Haushaltshilfe eine farbige Lehrerin aufgenommen, eine junge, verträumte Frau, die ständig irgendwelche Bücher las. Eines Tages bringt er den Mut auf, sie nach dem Inhalt dieser Bücher zu fragen, und es entspinnt sich folgender Dialog: »›Bitte, Ella, sag mir, was du da liest‹, bat ich sie. ›Ein Buch‹, sagte sie ausweichend und sah sich furchtsam um. ›Aber was steht drin?‹, fragte ich. ›Deine Großmutter sähe es nicht gern, wenn ich mich mit dir über Romane unterhielte‹, sagte sie. Sie sagte es sanft und mit Sympathie in der Stimme … ›Aber ich will es wissen.‹ ›Wenn du erwachsen bist, kannst du selbst Bücher lesen, und dann weißt du, was drinsteht‹, erklärte sie mir. ›Aber ich will es jetzt wissen.‹ Sie dachte eine Weile nach und klappte dann das Buch zu. ›Komm her‹, sagte sie. Ich setzte mich ihr zu Füßen und sah zu ihr auf. ›Es war einmal ein alter, alter Mann mit Namen Blaubart …‹« Sie erzählte dem kleinen Richard daraufhin flüsternd, wie Blaubart seine sieben Frauen eine nach der anderen getäuscht und geheiratet, geliebt und erschlagen und dann aufgehängt hatte. Der kleine Richard ist fasziniert: »Die Geschichte brachte die Welt um mich zum Leben, machte sie pulsieren und atmen. Die Realität verwandelte sich, die Dinge sahen plötzlich anders aus ... Mein Lebensgefühl vertiefte sich und irgendwie auch dies Gefühl für die Dinge.«

Wenn Richard Wright am Schluss von Black Boy von seinem Aufbruch in den Norden berichtet, wo er sich »ein anderes, ein reicheres und erfüllteres Leben erhofft«, stellt er die Frage, woher er im Dunkel der Südstaaten die Ahnung dennoch vorhandener Lebensmöglichkeiten und seinen Sinn für Freiheit genommen habe. Seine Antwort ist: »Nur durch Bücher ... hatte ich es fertiggebracht, mich selbst in einer nach innen gekehrten Vitalität am Leben zu erhalten. Wenn meine Umwelt mir Nahrung und Hilfe versagte, hatte ich mich an Bücher geklammert ...« Erst seine wahllose Lektüre von Romanen und literaturkritischen Büchern habe ihm eine Ahnung von den dem Leben innewohnenden Möglichkeiten vermittelt.

Richards Interesse für Bücher brauchte nicht erst geweckt werden. Es war wach, spätestens seit der ersten, durch die Haushaltshilfe ermöglichten literarische Erfahrung. Dennoch gewann dieses seit Kindesbeinen vorhandene Interesse noch einmal dadurch eine neue Qualität und Intensität, dass er als Achtzehnjähriger auf den Verriss eines Buches von Henry Louis Mencken stieß. Mencken, ein brillanter, zum Zynismus neigender, weißer Kritiker der amerikanischen Verhältnisse nach dem Ersten Weltkrieg – ihre Quintessenz schien ihm darin zu bestehen, im Namen der Freiheit diese selbst abzuschaffen –, war

Wright völlig unbekannt. Sein Interesse wurde allein durch den Umstand erregt, dass eine Zeitung, die die offizielle Ideologie des Südens vertrat und seinesgleichen als Nicht-Menschen abstempelte, Mencken mit einer wütenden Attacke bedachte.

Wie aber an Menckens Bücher herankommen? In der öffentlichen Bibliothek waren Farbige so wenig zugelassen wie in den Parks und auf den Spielplätzen. Wright hatte in der Bibliothek jedoch schon einige Male Bücher für einen Weißen besorgt, der in der gleichen Firma arbeitete, in der er Handlangerdienste ausübte. Seinem Plan kam entgegen, dass es sich zugleich um den einzigen Weißen in der Firma handelte, »der nicht als ›Anti-Neger‹ einzustufen war«. Ihn bat er, ihm seine Leihkarte zu überlassen – und hatte damit Erfolg. Am Nachmittag übte er das Fälschen des Bestellzettels und scheiterte schon daran, dass er die Titel von Menckens Büchern nicht kannte. Schließlich entschloss er sich, auf den Zettel zu schreiben: »Würden Sie bitte diesem Nigger einige Bücher von H.L. Mencken geben?« Darunter setzte er die gefälschte Unterschrift des Weißen.

An der Buchausgabe wartete er geduldig, bis alle Weißen, auch die nach ihm gekommenen, abgefertigt waren. Dann begann ein regelrechtes Verhör durch die weiße Bibliothekarin, das Wright, das Ziel des Bücherlesens vor Augen, in seinem Sinne durchstand, indem er konsequent den Weg der vollständigen Selbstverleugnung einschlug. »Du selbst liest diese Bücher nicht?«, fragte ihn die Bibliothekarin am Schluss streng. »O nein, Mad'm. Ich kann nicht lesen.« Als sie nun vor sich hin murmelte: »Wenn ich nur wüsste, welche Bücher von Mencken er haben möchte«, wusste Wright, dass er gewonnen hat. Mit zwei Büchern zog er schließlich ab. Und begann am Abend zu lesen.

Menckens Stil – »diese klaren, schlackenlosen, dahinströmenden Sätze« – bestürzte ihn und rüttelte ihn auf. »Warum schrieb er so? Wie brachte man es fertig, so zu schreiben? ... Ja, dieser Mann war ein Kämpfer, einer, der mit Worten kämpfte.« Nicht nur viele Worte, auch Dutzende von Namen von Schriftstellern, über die Mencken mit großer Leidenschaft schrieb, waren ihm unbekannt; er wusste noch nicht einmal, wie man sie aussprach. Als der Morgen dämmerte, legte er das Buch in der Überzeugung beiseite, etwas Lebenswichtiges bislang übersehen zu haben. Er wusste nun, »was in Weißen vor sich ging, was sie empfanden«. Und er fragte sich sofort, ob er mit diesem neuen Wissen nicht ihr Misstrauen erregen würde, wenn sie bemerkten, dass er sie nun mit anderen Augen zu sehen begann.

Die Leidenschaft des Lesens war in ihm aufs Neue erwacht. Insbesondere in Romanen fand er die Mittel, sich selbst und die Welt um ihn herum selbstbewusst und im Zusammenhang wahrzunehmen. Auf diese Weise verlor sie die Unnahbarkeit und Undurchsichtigkeit, die sie für ihn bislang besessen hatte. Wenn er *Main Street* von Siclair Lewis las, erkannte er die engen Grenzen, die selbst einem Leben wie dem seines Chefs gesetzt waren. Das Bücherlesen brachte Licht in ihm bislang verschlossene Lebenswirklichkeiten und -möglichkeiten. »Ich war gewesen, was meine Umwelt, was meine Familie – in Übereinstimmung mit den Prinzipien der herrschenden Weißen – von mir verlangten und was ich nach dem Verdikt der Weißen zu sein hatte.« Als Wright einen Roman von Theodore Dreiser

las, durchlebte er noch einmal die Leidenszeit mit seiner Mutter: »Ich ging schweigend in mich und betrachtete verwundert das Leben um mich her. Es wäre mir unmöglich gewesen, jemandem zu erklären, was mir diese Bücher gaben, denn in ihnen offenbarte sich für mich der Sinn des Lebens.« Nun entdeckte er an sich den Menschen, der er hätte sein können.

Lesen bedeutete für ihn nicht, aus dem gewöhnlichen Leben auszusteigen und sich in Phantasiewelten oder in der Tiefe der Innenwelt zu verlieren, Lesen bedeutete, in bislang unbekannte Lebenszusammenhänge einzusteigen und seine Rolle in der Welt neu zu entwerfen. Glücklich machte ihn diese neue Erfahrung vorerst nicht. Das Lesen begeisterte ihn, aber es verschaffte ihm auch »die niederschmetternde Erfahrung«, nun zu sehen, »was alles möglich war und was ich alles versäumt hatte«. Durch das Lesen öffnete sich zwischen ihm und der Welt, in der er zu leben versuchte, eine Kluft, »die sich von Tag zu Tag vertiefte«. Nun durchschaute er sein bislang eher dumpf empfundenes Lebensunglück. Mit der Folge, dass er sich mit dem Leseglück ein unglückliches Bewusstsein einhandelte, das ihn wohl nie wieder ganz verließ.

Es kann keineswegs darum gehen, dieses unglückliche Bewusstsein kleinzureden. Doch so mächtig, wie es vorderhand erscheinen mag, ist es nicht. Wrights Pointe ist nämlich, dass es in dem Moment, als er sich zum Verlassen des Südens entschließt, auch zur Durchgangsstation zu einem neuen, nicht nur potenziellen, sondern ganz realen Glück wird. Die Bücher hatten ihn in dem Wunsch bestärkt, »aus mir selbst zu leben, aus dem, was an Gedanken und Empfindungen in mir war«. Und indem aus diesem unbestimmten Wunsch nun ein konkreter Wille wird, gelangt er auch zu einer neuen Übereinstimmung mit der Welt. »Glück ist zu begreifen, wie alles zusammenhängt«, hat der Schriftsteller Sten Nadolny formuliert. Im Hinblick auf Wrights Autobiografie können wir diesen Satz ergänzen. Glück liegt nicht nur in der Erkenntnis, es liegt auch in dem dadurch angespornten Willen, sich ein Leben nach eigener Façon zu erkämpfen und es zu gestalten. Unsere sehr liberale Kultur neigt inzwischen dazu, im Impulsiven und in den guten Gefühlen das Glück zu suchen und dieses »Wohlfühlglück«, wie es der Philosoph Wilhelm Schmid genannt hat, der Willenskraft und der klaren, deutlichen Absicht gleich- oder sogar darüber zu stellen. Ein Buch wie *Black Boy* erinnert uns an eine andere Vorstellung von Glück, die einst die westliche Kultur maßgeblich bestimmte: die Vorstellung des glückenden, des gelingenden Lebens, das oftmals widrigsten Lebensverhältnissen abgerungen war.

Umsteigen

Grad in der Mitte unsrer Lebensreise
Befand ich mich in einem dunklen Walde,
Weil ich den rechten Weg verloren hatte

So lauten die Anfangsverse von Dantes *Göttlicher Komödie;* sie gehören zu den berühmtesten der Literaturgeschichte. Dante ist zu diesem Zeitpunkt Mitte 30, gemäß der biblischen Lebensspanne des Menschen von 70 Jahren. Mittlerweile, bei einer durchschnittlichen Lebenserwartung von 80 Jahren und mehr, dürften wir diesen Zeitpunkt um die 40 erreichen. Doch Mitte des Lebens ist nicht nur eine zeitliche Bestimmung, es meint auch: mitten im Leben. Mitten im Leben haben wir den Weg verloren, sind wir desorientiert und verwirrt. Dante wird von seiner Angst und Orientierungslosigkeit schon bald erlöst, wenn er auf Vergil trifft, der als sein Führer auf der anstehenden Wanderung agiert. Für uns, 700 Jahre später, scheinen Verlorenheit und Unkontrollierbarkeit, Krise und Chaos indessen Erfahrungen zu sein, die uns das ganze Leben über nicht verlassen, und selten haben wir das Glück, dass eine magische Gestalt – Dichter, Weiser oder Zauberer – auftaucht, die uns verlässlich an die Hand nimmt.

Eine bis heute gültige Beschreibung dieser Situation stammt von Edward M. Forster, einem großen Romancier des 20. Jahrhunderts. In *Wiedersehen in Howards End,* vielleicht Forsters bestem Roman, wird sie zur zentralen Erkenntnis einer seiner faszinierendsten Frauenfiguren: »Beim Rückblick auf das vergangene halbe Jahr erkannte Margaret, wie chaotisch unser tägliches Leben ist, wie sehr

es sich von dem geordneten Ablauf unterscheidet, den die Historiker fabrizieren. Das wirkliche Leben steckt voller falscher Spuren und Wegweiser, die nirgendwohin führen. Mit unendlicher Anstrengung rüsten wir uns für eine Krise, die dann nie kommt. Noch im erfolgreichsten Leben werden Kräfte vergeudet, mit denen man hätte Berge versetzen können, und das erfolgloseste Leben führt nicht etwa der, den es unvorbereitet trifft, sondern derjenige, der vorbereitet ist und den es niemals trifft. Über eine Tragik von solcher Art schweigen sich unsere Volksmoralisten geflissentlich aus. Sie setzen voraus, dass Vorbereitung auf die Gefahr in sich schon etwas Gutes ist und dass Menschen wie Nationen gut daran tun, in voller Rüstung durchs Leben zu stolpern ... Das Leben ist in der Tat gefährlich, aber nicht auf die Art, wie die Moralisten uns glauben machen wollen. Es ist in der Tat unkontrollierbar, aber seine Quintessenz ist nicht der Kampf.«

Forster sagt nicht nur, dass Unberechenbarkeit die Quintessenz des Lebens darstellt, er macht an dieser Stelle auch eine hochinteressante Gegenrechnung zu unseren Anstrengungen auf, das Leben, das wir führen, selbst zu bestimmen und unter unsere Kontrolle zu bringen. Er konstatiert nämlich, dass diese unter einem äußeren wie inneren Leistungsdruck stehenden und einem übergroßen Sicherheitsbedürfnis entsprechenden Bemühungen in der Regel ins Leere laufen und uns um das Beste bringen, was das Leben zu bieten hat: Überraschungen, die keineswegs nur böse sein müssen. Ein glückendes Leben hingegen müsste sich dem Umstand stellen, dass das Glück nicht belangbar ist und sich dem Zugriff entzieht. Allerdings wusste auch Forster, dass die positive Bewertung von Überraschungen und Veränderungen davon abhängt, dass wir ihnen nicht schutzlos ausgeliefert sind. Wir benötigen dazu Robustheit, die sich nur »on the job« trainieren lässt, etwa indem wir vom Unerwarteten in kleinen Dosen und in vielfältiger Gestalt kosten, wie der amerikanische Politikwissenschaftler Aaron Wildavsky gelehrt hat. Voraussicht und Kontrolle sind nur dann gute Strategien im Umgang mit möglichen Risiken, wenn diese vorhersehbar und wahrscheinlich sind. Ist das nicht der Fall – wie laut dem Urteil von Forster bereits im ganz gewöhnlichen Leben –, dann ist es erfolgversprechender, Erfahrungen darin zu sammeln, mit Überraschungen umzugehen. Das muss keineswegs heißen, dass wir statt in voller Rüstung und mit genauem Marschbefehl nun völlig nackt und planlos durchs Leben stolpern. Wir brauchen in der Tat Wegweiser, und Forster besaß auch eine Vorstellung davon, wo wir diese Wegweiser finden und wie sie aussehen. Für ihn war nämlich klar, dass sie die Gestalt von Büchern haben, die wir in einem Regal aufbewahren, das die Aufschrift Literatur trägt.

Die Art und Weise, wie wir unser Leben führen – etwa stark auf Kontrolle bedacht oder im Gegenteil erstaunt über uns selbst –, hat mit unserem Selbstbild zu tun. Dieses ist nicht nur Ausdruck unserer Wünsche, sondern auch der Bewertung jener Wünsche, die wir an uns registrieren.

Um die Konflikte zu lösen, die wir mit unserem Selbstbild haben können, bedarf es nicht nur einer Neubewertung unserer Wünsche. Zuvor müssen wir erst einmal ein Gespür dafür entwickeln, welches überhaupt unsere Wünsche sind, und uns auch jene Bewertungen vor Augen führen, die mit ihnen immer einhergehen und die wir in der Regel intuitiv vornehmen. Wir müssen die Sprache der

Seele verstehen lernen. Der römische Kaiser Mark Aurel hat in seinen Selbstbetrachtungen die Vermutung geäußert, dass zwangsläufig unglücklich diejenigen seien, »die die Regungen der eigenen Seele nicht aufmerksam verfolgen«. Und hier kommt das Lesen ins Spiel: Insbesondere das Lesen von Literatur kann nämlich eine Schule der Aufmerksamkeit für die Regungen der Seele sein. Lesend lernen wir, dass andere anders empfinden als wir selbst. Lesend erschließt sich uns eine unbekannte Vielfalt von Möglichkeiten, Empfindungen und seelisches Geschehen zur Sprache zu bringen. Wir lernen neue Wörter und Bilder für unsere Gefühle und können dadurch nicht nur differenzierter über unser Erleben sprechen, sondern erweitern auch die Klaviatur unserer Empfindungen. Darüber hinaus macht uns das Lesen von Literatur mit alternativen Selbstbildern und Lebensentwürfen und den ihnen zugrunde liegenden Wünschen und Bewertungen vertraut. »Gemeinsam« mit dem Erzähler und dem Helden des von uns gelesenen Romans erleben wir beispielsweise, wie sich ein bestimmtes Selbstbild in der Kindheit ausformt, wie es durch neue Erfahrungen und Wünsche in eine Krise gerät und es schließlich zu einer Revision des Selbstbildes und dadurch zu einer Selbstveränderung kommt. Und wir erleben diesen Wandel nicht nur, wir sehen uns vor allem in die Lage versetzt, ihn verstehend nachzuvollziehen.

Gerade auf dieses Verstehen kommt es jedoch in entscheidender Weise an. Denn Selbstveränderung erfordert über die nötige Selbsterkenntnis hinaus auch eine Beharrlichkeit und Stärke des Willens, um bei dem als richtig Erkannten zu bleiben und es umzusetzen. Neben der notwendigen Auseinandersetzung mit unserem Selbstbild kann uns das Lesen in solchen Phasen auch eine Art seelischen Rückhalt verschaffen; es kann, worauf bereits Marcel Proust aufmerksam gemacht hat, zu einer Art heilenden Disziplin werden. Die Bücher, so Proust in seinem Essay *Über das Lesen* aus dem Jahr 1906, würden dann eine Rolle spielen, die der des Psychotherapeuten bei Nervenleiden gleichkäme – nur dass die Intervention in diesem Fall nicht von außen komme, sondern sich in uns selbst vollziehe. Bibliotherapie wird dieses Heilverfahren heute genannt, und es ist in einigen Kliniken bereits zu einem wichtigen Faktor etwa bei der Krebstherapie geworden.

Diese und andere mögliche Überlegungen zur Funktion des Lesens im Lebenszusammenhang verlieren jedoch schnell an Bodenhaftung, wenn wir sie nicht vor dem Hintergrund unserer Lesekultur und ihrer familiären und gesellschaftlichen Rahmenbedingungen anstellen. Vor dem Lesen, so könnte man etwa sagen, steht das Vor-Lesen: Nicht nur kulturgeschichtlich, sondern auch individuell geht dem eigenständigen, stillen Lesen das gemeinschaftliche, laute Lesen voraus. An der Wiege jedes glücklichen Lesers steht die erzählende Mutter, der vorlesende Vater oder ein anderer, der spannenden oder tröstenden Geschichten und Versen seine Stimme leiht.

Die weitergehende Frage, ob einem das Leseglück auch über die Kindertage hinaus treu bleibt, weist jedoch bereits über die familiäre Sphäre hinaus. Ihre positive Beantwortung hängt stark davon ab, ob die Schule dem Heranwachsenden vermitteln kann, dass das Bücherlesen ihm dabei hilft, seinen Weg in der Welt zu machen und sich und die Welt besser zu verstehen, oder ob dort nur das Geschäft betrieben wird, die reiche und konkrete Sprache der Literatur in die ärmere und abstraktere der Analyse und der Theorie zu übersetzen. In gewisser Weise setzt sich diese Fragestellung an der Universität fort, die den Umgang mit Literatur zunehmend akademisiert und dabei jene Lebensfragen konsequent ausblendet, die insbesondere junge Menschen umtreiben, uns aber eigentlich alle angehen: Wer bin ich? Wie soll ich mein Leben führen? Wie kann ein Leben glücken? In was für einer Welt leben wir? Lässt sie sich zum Besseren verändern, und wenn ja, wie? Ich will nicht leugnen, dass es auch Soziologen und Psychologen, Historiker und Philosophen gibt, die mit Antworten auf diese Fragen aufwarten. Nach wie vor bin ich jedoch der Überzeugung, dass ihre Antworten hinsichtlich Lebensbedeutsamkeit und Konkretheit nicht an das heranreichen, was uns Schriftsteller und Poeten in ihren Werken dazu zu sagen haben. Und nicht nur das; die Art und Weise, wie die genannten Wissenschaften diese Fragen stellen, führt oft dazu, dass die durchaus vorhandenen Antworten entweder unbemerkt oder unbegreiflich bleiben. Man kann diese Problematik an der Frage nach dem Glück studieren, die uns in diesem Kapitel hinsichtlich des Lesens beschäftigt hat. Doch würde uns das weiterbringen? Sollten wir nicht lieber den neuen Roman von Felicitas Hoppe, der einfach so heißt wie die Autorin, oder noch einmal *Wiedersehen in Howards End* von E.M. Forster lesen?

Anhang

Literaturhinweise

Das Gedächtnis der Worte. Von Büchern und Bibliotheken, du, Heft 1/1998

Alfred Bellebaum und Ludwig Muth (Hg.): Leseglück. Eine vergessene Erfahrung?, Opladen 1996

Stanislas Dehaene: »Zum Lesen geboren«, in: Gehirn & Geist, Heft 6/2003

Jared Dimond: Der Dritte Schimpanse. Evolution und Zukunft des Menschen, Frankfurt am Main 1994

Mark Edmundson: Why read?, New York 2004

Sigmund Freud: »Der Dichter und das Phantasieren«, in: Studienausgabe, Band X, Frankfurt am Main 1969

Hans Ulrich Gumbrecht: »Erinnerung an Herkünfte. Stimmungen – ein vernachlässigtes Thema der Literatur«, in: Frankfurter Allgemeine Zeitung, 17. Januar 2006

Graham Greene: Verlorene Kindheit und andere Essays, Zürich 1953

Richard M. Hare: Freiheit und Vernunft, Düsseldorf 1973

Robert P. Harrison: Wälder. Ursprung und Spiegel der Kultur, München 1992

Wolfram Hogrebe: Mantik. Profile prognostischen Wissens in Wissenschaft und Kultur, Würzburg 2005

André Kertész: On Reading, New York 1971

Milan Kundera: Der Vorhang, München Wien 2005

Alberto Manguel: Eine Geschichte des Lesens, Hamburg 2000

Edward Mendelson: The Things That Matter: What Seven Classic Novels Have to Say About the Stages of Life, New York 2007

Iris Origo: Goldene Schatten. Aus meinem Leben, München 1996

Ernst Pöppel: Grenzen des Bewußtseins, München Wien 1985

Marcel Proust: Tage des Lesens, Frankfurt am Main 1963

Anna Quindlen: How Reading Changed My Life, New York 1998

Wilhelm Schmid: Glück, Frankfurt am Main und Leipzig 2007

Manfred Sommer: Sammeln. Ein philosophischer Versuch, Frankfurt am Main 1999

Susan Sontag: Kunst und Antikunst, Frankfurt am Main 1982

Henry David Thoreau: Walden oder Leben in den Wäldern, Zürich 1979

Lionel Trilling: Das Ende der Aufrichtigkeit, München Wien 1980

Aaron Wildavsky: Searching for Safety, Edison 1988

Virginia Woolf: Der gewöhnliche Leser, Frankfurt am Main 1989

Richard Wright: Black Boy. Bericht einer Kindheit und Jugend, Köln 1978

Gabriel Zaid: So viele Bücher, Frankfurt am Main 2003

Bildnachweis

S. 8: Launt Palmer, »Nachmittags in der Hängematte«, 1882
S. 28: Laurits Andersen Ring, »At Breakfast«, 1898
S. 38/39: George Dunlop Leslie, »Alice in Wonderland«, undatiert.
S. 76/77: Die Alte Bibliothek des St. John's College in Oxford
S. 138/139: Carl Larsson, »Liegende Frau auf einer Bank«, 1913

Archiv für Kunst und Geschichte, Berlin: 34
Artothek, Weilheim: 8
Bildarchiv Preußischer Kulturbesitz, Berlin: 45, 118

The Bridgeman Art Library, Berlin: 28, 38/39, 138/139, Umschlagrückseite oben
Corbis, Düsseldorf: Umschlagabbildung, 30
Fotolia, Berlin: 63, 68, 101
Interfoto, München: 7, 20/21, 57, 58/59, 95, 96, 104, 114, 124, 132, Umschlagrückseite unten links
Scala, Florenz: 48, 53, 64, 66, 74, 89, 110, 115, 129

Weitere Nachweise über das Bildarchiv des Insel Verlags